朝倉日英対照言語学シリーズ ②
[発展編]

心理言語学
Psycholinguistics

西原哲雄 [編]

朝倉書店

編集者

西原哲雄(にしはらてつお)　大阪成蹊大学教育学部教授

執筆者 (執筆順)

西原哲雄(にしはらてつお)　大阪成蹊大学教育学部教授
冨田かおる(とみたかおる)　山形大学人文社会科学部教授
中田達也(なかたたつや)　立教大学異文化コミュニケーション学部准教授
中西弘(なかにしひろし)　西南学院大学外国語学部教授
高橋潔(たかはしきよし)　宮城教育大学教育学部特任教授
鈴木渉(すずきわたる)　宮城教育大学教育学研究科教授

はじめに

　本書は,『日英対照言語学シリーズ』(全7巻) に続くシリーズの一巻である.同シリーズでは取り扱うことのできなかった分野をこの「発展編」では取り上げ,英語の言語構造を扱いながらも,随時,日本語の言語構造との比較対照をしながら,基礎知識から,発展的知識に至る部分に焦点を当てることを目指している.
　本書は,英文学科,英米語学科,英語教育学科の専門学生やその他の学部・学科において英語学や言語学 (一般教養,言語学や英語学関連の科目を含む) を専門科目や一般教養科目として履修する学生諸君を対象とした心理言語学 (言語習得を含む) の入門兼概論書である.
　基本的に,本書は半期での使用を想定しており,各章のページ数は最小限にとどめてはいるが,その内容は,心理言語学の分野において,英語と日本語の対比を基本としながら,基本的概念から各用語の説明をしたうえで,心理言語学の最新の研究成果を盛り込むようにも努力した.それゆえ,本書は心理言語学の,音声・音韻,単語・語彙,文理解・統語,語用のそれぞれの獲得,および言語獲得の5章から成り立っており,心理言語学の主要分野を概観することが可能となっている.
　なお,序章は最初に読んでいただくことをお勧めするが,続く5つの章は必ずしも最初の章から読み始める必要はなく,興味を持たれた章から読み始めていただいても十分にそれぞれの内容を理解できるように配慮したつもりである.それぞれの章末には「より深く勉強したい人のために」を読書案内として設けているので,学生諸君は本書の内容をより深めるためにぜひこの読書案内にも目を通し,さらに研究を進めてゆく一助としていただきたい.
　われわれが日常使用している言語においての,言葉と人間の心理とのかかわり (言語習得) を扱っている心理言語学の不思議さや面白みを,読者の諸君に十分に理解していただくことを,筆者たちは心から願うものである.
　最後に,本書や本シリーズの企画を快諾してくださり,校正から出版まで,さ

まざまな面から協力をしていただいた朝倉書店編集部には，ここに記して，特に御礼を申し上げたい．

2017年2月

西原哲雄

目　　次

序章　心理言語学とは何か ……………………………………［西原哲雄］…1

第1章　音声・音韻の獲得 ……………………［冨田かおる・西原哲雄］…12
　1.1　音声・音韻概論 …………………………………………………… 12
　　1.1.1　音声学と音韻論の連携 ……………………………………… 12
　　1.1.2　幼児の音韻獲得 ……………………………………………… 13
　　1.1.3　臨界期論争 …………………………………………………… 14
　　1.1.4　小学校英語音声教育 ………………………………………… 15
　　1.1.5　文字と発音 …………………………………………………… 15
　　1.1.6　話し言葉と書き言葉 ………………………………………… 17
　1.2　音声・音韻の習得 ………………………………………………… 17
　　1.2.1　音素の習得 …………………………………………………… 17
　　1.2.2　成人の音韻習得 ……………………………………………… 18
　　1.2.3　音声学と音韻論の教育 ……………………………………… 20
　1.3　母　　音 …………………………………………………………… 21
　　1.3.1　母音体系の教育 ……………………………………………… 21
　　1.3.2　母音空間を用いた発音練習 ………………………………… 23
　　1.3.3　母音の発音診断 ……………………………………………… 24
　　1.3.4　母音空間を用いた発音練習の実態調査 …………………… 25
　1.4　子　　音 …………………………………………………………… 26
　　1.4.1　子音体系の教育 ……………………………………………… 26
　　1.4.2　英語と日本語の子音比較 …………………………………… 27
　　1.4.3　子音仮想空間を用いた発音練習 …………………………… 28
　　1.4.4　子音仮想空間を用いた発音練習の実践例 ………………… 31
　　1.4.5　子音の発音診断 ……………………………………………… 31

1.5 音声・音韻の発展 ……………………………………………… 32
　1.5.1 音声学・音韻論の解説書 ………………………………… 32
　1.5.2 言語の知覚 …………………………………………………… 35
　1.5.3 音声と視覚情報の共存 …………………………………… 36
　1.5.4 音声・音韻獲得と習得の研究課題 ……………………… 38

第2章　単語・語彙の獲得 ……………………………… [中田達也]…41
2.1 語彙を習得するとはどういうことか？ ……………………… 41
2.2 語彙知識の測定 ………………………………………………… 42
2.3 語彙習得のプロセス …………………………………………… 45
2.4 偶発的学習と意図的学習 ……………………………………… 48
2.5 語彙習得に影響を与える要因 ………………………………… 49
　2.5.1 処理水準（処理の深さ）…………………………………… 49
　2.5.2 転移適切性処理 ……………………………………………… 50
　2.5.3 TOPRA モデル ……………………………………………… 51
　2.5.4 学習スケジュール …………………………………………… 53
　2.5.5 検　索 ………………………………………………………… 56
　2.5.6 フィードバック ……………………………………………… 58
　2.5.7 意味の与え方 ………………………………………………… 59
　2.5.8 語彙の創造的使用 …………………………………………… 60
　2.5.9 記憶術 ………………………………………………………… 61
　2.5.10 干　渉 ………………………………………………………… 63
　2.5.11 かかわり度 …………………………………………………… 63
　2.5.12 Technique Feature Analysis ……………………………… 65

第3章　文理解・統語の獲得 …………………………… [中西　弘]…72
3.1 文を理解するとは ……………………………………………… 72
3.2 統語処理の心的メカニズム …………………………………… 73
　3.2.1 文解析器の選好性 …………………………………………… 73
　3.2.2 モジュラーモデル …………………………………………… 75

3.2.3　制約依存モデル ································· 77
　3.3　日本人英語学習者における統語処理メカニズム ················ 86
　　　3.3.1　統語処理の非自動性 ····························· 87
　　　3.3.2　語彙情報の影響 ································ 88
　　　3.3.3　プロソディの影響 ······························ 91
　　　3.3.4　各種情報が統語処理に及ぼす影響 ·················· 92
　3.4　まとめ―統語処理の自動化を目指して ······················· 93

第4章　語用の理解と獲得 ·····························［高橋　潔］···99
　4.1　語用の理解と習得 ·· 99
　　　4.1.1　文化と言語 ··································· 100
　　　4.1.2　文化の違いとコミュニケーション・スタイル類型 ····· 101
　　　4.1.3　文化のステレオタイプ化問題と異文化理解 ·········· 113
　4.2　学習者の語用論 ··· 117
　　　4.2.1　語用論的逸脱 ································· 118
　　　4.2.2　母語または学習対象言語での表現が状況上欠落している場合 ····· 118
　　　4.2.3　母語からの影響 ······························· 123
　4.3　自己開示とあいづち ····································· 125
　4.4　対人関係配慮型と情報探究会話協同構築型 ·················· 130
　4.5　日本の英語教育への示唆 ································· 132

第5章　言　語　獲　得 ································［鈴木　渉］···136
　5.1　理　　論 ··· 136
　　　5.1.1　生得説 ······································· 136
　　　5.1.2　学習説 ······································· 138
　5.2　音　の　発　達 ··· 140
　　　5.2.1　聴覚・理解 ··································· 140
　　　5.2.2　産　出 ······································· 143
　5.3　語彙の発達 ··· 145
　　　5.3.1　First fifty ·································· 145

5.3.2　語彙の増大 …………………………………………… 146
　　　5.3.3　語彙学習の制約 ………………………………………… 148
　5.4　文法の発達 ……………………………………………………… 149
　5.5　語用論的知識の発達 …………………………………………… 151
　5.6　手話の獲得 ……………………………………………………… 153
　5.7　バイリンガルの言語獲得 ……………………………………… 154

索　　引 ………………………………………………………………… 160
英和対照用語一覧 ……………………………………………………… 164

序章　心理言語学とは何か

西原哲雄

　言語というものは，単純なものから複雑な内容を含めたさまざまな人間の普段の営みの中に置かれているものである．また，言語とは，ある社会における価値観，文化背景などのさまざまな抽象的または具体的概念を次世代に伝達するため媒介しているともいえる．現実に，我々の社会的状況のもとで，基本的な役割を担っている活動は，言語によるコミュニケーションであり，人間が自らの考えを他人に伝達しようとする試みでもあるといえる．

　この序章においては，本書で取り扱う内容である，心理言語学（Psycholinguistics.または日本語で，言語心理学と呼ぶ研究者もいる）における全体像的・包括的な内容を基本にしながら，心理言語学という学問分野研究の基本的内容やその発展・展開などについて述べることとする．

　レベルト（Levelt 2013）によれば，この Psycholinguistics という用語は，カンター（Jacob Kantor）によって 1936 年に導入されるようになったが，彼の学生のプロンコ（Nicholas Pronko）が 1946 年に自分の論文 Language and Psycholinguistics: A Review で使用するまでは，ほとんど使用されることはなかった．レベルト（Levelt 2013）にしたがえば，Psycholinguistics とは実験手法と理論がしっかりと結びついた学問分野として設立されたが，19 世紀の終わりからは「言語の心理学」（the psychology of language）という語が主流を占め，Psycholinguistic という言葉は使われることはなかった．

　心理言語学で取り扱われる言語研究分野は，主に，言語と発話のその自然発生に関わるものである．現在の心理言語学と呼ばれる研究分野が登場したのは 20 世紀の中頃で，その歴史は浅いものと考えられることがある．

　レベルト（Levelt 2013）に基づくと，多くの心理言語学者は 1950-60 年代に起きたチョムスキー的認知革命（Chomskyan cognitive revolution）とともに心理言語学の研究が開始されたように考えている．しかしながら，実際，経験的な心理言語学の研究が始まったのは，18 世紀の終わりにまでさかのぼると指摘されてい

る．

　トラスク（Trask 2007）では，心理言語学とは，心と言語の結びつきについての研究であると述べられている．また，心理言語学は1950年代にその明確な定義が現れ始めたと指摘している．このことは，言語学は認知心理学の一部をなすと考える言語学者であるチョムスキー（Noam Chomsky）の登場とともに明確になったが，もちろんその他の要素も関わり，主に，子どもによる言語獲得の問題に焦点が当てられるようになったということであった．言語獲得の研究は，心理言語学者によって解明された最も顕著で成功した分野であることは疑う余地がない．研究対象は，言語処理の分野へも広がり，言語産出や言語処理における内容も含まれることとなった．

　それゆえ，プラグほか（Plag et al. 2015）では，心理言語学は，人間が脳の中にどのようにして言語を取り込み，それをどのように処理するのかを取り扱う研究分野であるとも指摘されている．具体的には，心理言語学の研究では，人間がどのようにして分節音を区別し，どのようにして単語を習得し，どのようにして文を作り出し，文をどのようにして意味のある単位に分割し，そして，どのようにして言語を修得するのかを研究する分野であると述べている．その中でも心理言語学の焦点が当てられる分野では，心的辞書（mental lexicon）といわれる人間の脳内辞書機能での単語の収容に関わる部分が注目されている．

　このような，人間の語彙の蓄積場所である心的辞書においても一定の制約が機能しており，それは「浴槽効果」（bathtub effect）と呼ばれる現象である．これはエイチソン（Aichison 2003）による造語であるが，人間は言葉（単語）の中央部よりも語頭や語末をよく覚えているというものである．この現象は，人間が浴槽に入り横たわったときに，足と頭が浴槽から出ている状態にたとえられており，頭の方が足の部分より大きく出ていることから，語頭の方が語末よりもよく覚えられていることも示唆している．すなわち，単語（言語）の認識において最も重要な役割をするのは，単語の語頭の部分（英語では語頭の子音連続）であるということである．

　このような語頭と語末の重要性については，心理学の分野でもすでに指摘されていた内容であるので，十分に信頼のおけるものであるといえよう．

　エイチソン（Aichison 2003）はさらに形態論や語形成における制約の1つとし

て，派生接辞と屈折接辞の生起について経験的な観点から，派生接辞が屈折接辞よりも先に語幹に付与されることは可能であるがその逆は不可能であるということを指摘している．つまり，派生接辞の方が屈折接辞よりも語幹に密接にくっつくという一般原則（制約）が語彙部門（心的辞書）には存在することを指摘している．しかし，もちろんこの一般原則が人間の間に自然発生的に生じた自然言語において課される絶対的な制約ではなく，ある種の方向性を持つにすぎない「傾向」であることは，近年の形態論などの研究から明らかにされていることにも注目するべきである．

　心的辞書での語彙習得や語形成における考え方の1つの例をあげる．たとえば，動詞などの語尾変化の仕組みの研究においては，以下にあげるような3つのアプローチがあげられているが，これは諸言語の語形成過程の可能性を示している代表的な考察である．

(1)　a.　Regular and irregular forms are derived by rule.
　　b.　Regulars and irregulars are listed.
　　c.　Regulars are derived by rule, irregulars are listed.

(Say and Clashen 2002)

この3つのアプローチで，(1a) はデ・ブール（De Boer 1981）による標準的な生成音韻論の枠組みが用いられ，(1b) はブルツィオ（Burzio 1998）によって支持されたものであり，(1c) は，フォーゲル（Vogel 1993）によって提唱されたものである．

　そして，これらの考え方の中で，子どもの言語習得に基づく心理言語学的根拠の説明によれば，フォーゲル（Vogel 1993）による (1c) の説明が最も妥当性が高いと考えられている．

　このような語彙部門（心的辞書）での語の派生現象において，たとえば，英語の母語話者でも単語の派生過程などについて直観的に判断することは可能であっても，理論的な説明をすることが不可能なことがある．たとえば，英語母語話者が happy という形容詞から名詞を作る際に接尾辞は，-ness, -ity の2つがあるが，-ness が付加された happiness が正しい形であり，*happity が誤用であることを直感的に理解している．しかし，なぜ happiness が正しく，*happity が誤用であるかということの理由を説明することはできない（*は非文を表す）．まさにこれ

は，英語という言語の枠組みの中で，単語の成立が，英語の母語話者さえ知らない一定の原則に基づいて生成されていることを証明する明確な証拠となる．

そこで，英語の単語の形容詞から名詞を作り出すためには，接尾辞の -ness と -ity の 2 つを形容詞に付加することになるが，happy という英語の形容詞を名詞にするために付加できるのは -ness であり，-ity を付加して名詞を作り出すことはできない．happy という形容詞は英語の本来語であるゲルマン語系の素性を持っており，-ness という接尾辞もゲルマン語系の素性を持つ接尾辞である．一方，-ity は非ゲルマン語系（ラテン語・フランス語系）の素性を持つ接尾辞であるので，形容詞 happy の語幹の素性と接尾辞の素性が一致する happiness（happity は不適格）という派生語のみが認められることになる．このような派生過程について，一般的な英語母語話者が無意識に上記のような選択を行なっているのは特に変わったことではないということには，（心理）言語学的には注目すべきであろう．

また，接尾辞 -ness と -ity は生産性という観点からも異なったふるまいをする．すなわち，コーパスのデータなどから，現代英語において，形容詞から名詞を派生する際には，-ness が -ity よりも，圧倒的に高い使用頻度で用いられているという現象が存在する．この相違は日本語における形容詞から名詞を派生する接尾辞である，「さ」と「み」にみられ，多くの場合において，「さ」が用いられることが示唆されている．

語の形成過程と同時に心理言語学の研究分野には，失語症などの要因に基づく，語の喪失という現象も含まれることになる．寺尾（1988）によれば，キーン（Kean 1977）が失語症患者の発話を，「音韻語」（Phonological Word: PW）という単位を導入することで的確に，彼らの正常な発話からの脱落現象が説明できると述べている．失語症患者の発話において欠落するのは，さきに述べた PW の外側に位置する要素は脱落するという提案であった．たとえば，英語の接尾辞の -ness は，先行する語の強勢に影響をすることがないので，語と緊密性が弱く，PW の外側に置かれることになり，-ness は脱落すると予想され，実際に脱落も生じる．一方，同じ接尾辞でも，先行する語の強勢に影響を及ぼす -ive は，語と緊密性が強く，1 つの PW 内部に位置することになり，脱落要素とはみなされずに，実際，脱落もしない．さらに，PW の外側の要素と考えられる要素としては，機能語とされる冠詞や屈折語尾なども想定され，実際にこれらも脱落している（以下，(2) を参

照).

(2) a. (definite) PW (~~ness~~)
    b. (definite ive) PW
    c. (~~the~~) (book) PW
    d. (look) PW (~~ing~~)

また，キーン（Kean1977）によれば，英語のように語尾屈折を持つ，ドイツ語やロシア語などにおいても，この「音韻語」という単位に基づく，脱落予測の原則は正しい脱落予測をしていると主張している．

この PW という単位は，のちにネスパーとフォーゲル（Nespor and Vogel 1986）などによって提唱，発展された音律音韻論（Prosodic Phonology）などの音韻理論やプリンスとスモーレンスキー（Prince and Smolensky 2004）による最適性理論（Optimality Theory）などの言語理論においても，名称を「音韻語」（Phonological Word: PW）から，「音律語」（Prosodic Word: PrWd）へと一部，変更されながらも，これらの音韻理論・言語理論において，中心的かつ重要な概念として用いられた．

一方，英語のような屈折言語ではなく，膠着言語である日本語における失語症患者による脱落現象は，少しその様相が英語の場合とは異なる．日本語での脱落要素は，助詞があげられ，その助詞の脱落には階層性がみられると，笹沼ら（Sasanuma et al 1986）は述べている．

すなわち，構造的な助詞とされる文章作成において不可欠と考えられる（「が」，「を」，「に」など）は脱落しやすいのに対して，談話的な助詞（「も」，「だけ」，「さえ」など）と呼ばれる助詞は完全に保持されていると報告されている．このような相違は，英語でみられた音韻的要素とは関係性がないことから，失語症患者における脱落要素に関する分析には，さらなる分析が必要と考えられた．

そこで，西原（2012a）では，このような日本語における脱落要素の階層性における相違を文法化（Grammaticalization）という観点からの分析を試みている（詳細は西原 2012a を参照のこと）．

前述のような語彙部門（心的辞書）における語形成や語彙習得（語や発音の喪失など）に関する研究の中で，言語理論の1つである生成文法（generative grammar）に基づく生成形態論（generative morphology）による幼児の語彙習得の研

究も非常に興味深い結果がもたらされている．心理言語学の枠組みの研究の一部として，その概略を以下に簡潔に述べることとする．

ゴードン（Gordon 1985）は，生成形態論の枠組みにしたがい，幼児の複合語形成とそれに付加される複数を示す屈折語尾の生起の仕方の違いを適切に説明している．

たとえば英語話者の幼児が複合語を形成するとき，mouse から mice-eater という語を派生することはできるが，基本的に *rat[s]-eater という複合語を派生することはない．これは，語構造と音韻論との相互関係を認め，単語の形成がいくつかの層（基本的には 3 層）から成り立っているという語彙的音韻論（lexical phonology）の考えに基づく．この理論によれば，mouse の不規則複数形語尾の付加による mice の生成はレベル 1 で行なわれ，rat の規則形複数語尾の付加による rat-s の生成はレベル 3 で行なわれるものである．複合語の形成過程はそれらの中間層であるレベル 2 で行なわれると考えられている．このことは，レベル 1 で不規則複数語尾の付加を受け，その後に複合語生成による mice-eater という複合語は生成可能である．しかし，レベル 3 で rat に規則変化複数語尾が付加されることから，レベル 2 で複合語が生成され，rat-s eater ではなく rat-eater-s のみが，複合語の複数語尾が付加された語として認知されることを予測する．実際のところ，幼児におけるこれらの複合語派生と複数語尾付加の実験でも，mice-eater と呼ぶ幼児はいたが，rat-s eater と呼ぶ幼児がいなかった．このことから，幼児たちも，大人たちの語形成に関わるレベル階層の構造を，生得的に得ていることが示唆されているとゴードン（Gordon 1985）は述べている（さらに詳しくは西原 2012b を参照のこと）．

先にみてきたように，人間の言語の生得性という考え方は，生成文法研究者によっては今日的にはほぼ受け入れられているといってよいであろう．このように，人間が外界との接触などから刺激を受け言語を獲得する際に，自然言語の言語媒体は音声が第一義であると考えることは当然であり，人間が発話をどのように知覚するのかという問題は言語獲得のシステムの根幹を占めているといえるであろう．

このような人間の発話の知覚に関わる研究とは，心理言語学的観点からだけではなく，言語障害や音声の認識や外国語の研究・教育の分野においても行なわれ

ているが，それらの各分野における目標は異なっているのがふつうである．本書で扱う心理言語学分野での目標には，主に，言語の獲得や，その処理の過程などがあげられる．現在，心理言語学の発話に関わる研究の中心は，個別の言語にとどまらずに，人間の自然言語全般に対する普遍的な制約や原則（メカニズム）を解明するという点にも注目が集まっている．

　こうした研究の中で，視覚情報が，聴覚および知覚情報（知覚理解）に影響を及ぼすという現象が認められている．人間が発話する際には，かならず口や唇が動くのが一般的である．そして，聞き手は自らが意識しているいないに関係なく，話し手の口や唇の動きを認識しているのである．聞き手の分節音の聞き取り（知覚）は通常，聴覚を通して行なわれているが，状況や場面によっては，視覚的な情報を利用することもある．視覚情報と聴覚情報（知覚）の関係を検討した実験として次のようなものがある．被験者は，スピーカーからは両唇閉鎖音と母音の連続である /ba-ba/ が聞かされ，一方，モニターの画像からは軟口蓋閉鎖音と母音の連続である /ga-ga/ が提示された．被験者がどのように知覚したかを尋ねた結果，それは，/ba-ba/ や /ga-ga/ のいずれでもなく（実験者たちはこの現象を「融合反応」と呼んだ），歯茎閉鎖音と母音の連続である /da-da/ と判断したというものであった．音声学における調音位置的観点から判断すると，歯茎部で発音される /d/ を含んでいる分節音である /da-da/ は，両唇閉鎖音の /ba-ba/ と軟口蓋閉鎖音の /ga-ga/ との中間の位置で発音されていることになり，視覚情報が音声の理解へ大きな影響を及ぼしていることは明らかである．

　このように，調音過程（運動）である視覚情報が分節音の知覚に影響を及ぼす現象は，マガーク効果（McGurk effect）と呼ばれるものである．マガーク効果は，分節音の知覚が調音運動を示している視覚情報から明確に影響を受けていることを示すものであり，言語の分節音の知覚システムを理解するための多くの示唆を含んでいるといえる．

　さらに，このような分節音の知覚に関わる，興味深い側面の1つとしてあげられるものとして，「休止」（pause）の役割〈機能〉を調べた実験がある．杉藤(1999) によれば，あるニュース放送の中からすべての休止を削除して，そのニュースを聞いていた被験者たちにその理解度を尋ねてみると，「速すぎて何をいっているのかわからない」という共通の答えが得られた．休止の時間は本来話し手の

呼吸の時間であり，何の情報も持たない無駄な時間であるというわけではなく，実際は聞き手が話しの内容を理解するために欠かすことのできない時間として機能しており，休止時間が聞き手にとっての短期記憶の時間となっていることを，この結果は示している．それゆえ，この休止の時間がなければ，聞き手は脳での情報処理のための時間が確保できないので話しが理解できず，ニュースのスピードも速く感じることとなる．

また，池内（2012）は，多彩な発声や発音を可能にし重要な役割を果たしている喉の中の喉頭の降下という現象が，人間にのみ起こる現象である（他の動物では起きない）という従来の主張が，近年の研究による，アカシカなどの実例（喉頭の降下）で反証されていると指摘している．すなわち，豊かな発音や発声に重要な役割をする喉頭の降下は，人間だけに生起する現象ではないことが証明されたのである．

こういった知覚などに関する研究とともに，従来から指摘されていた音声に関わる事実に関しても，新たな内容が観察・提示されることとなった．たとえば，その1つは，窪薗（2002）による日本語のモーラ性に関わる問題である．窪薗（2002）によれば，トルベツコイ（Trubetzkoy 1958）が言語の最小の韻律単位に注目し，世界の言語をモーラ言語と音節言語の2つに分類できると主張した，というのである．この分類によれば，日本語や古代ギリシャ語などは，モーラ言語に分類され，一方，英語やドイツ語などは音節言語に分類されることになる．従来の音韻論での考え方では，モーラ言語対音節言語という二分論が広く提唱されることとなるが，この考え方は一部で多くの言語学者に誤解を与えることとなる．それは，「音節言語にモーラは不要で，一方モーラ言語では音節が言語学的な機能を持たない」というものであった．

このような間違った考え方は，モーラ音韻論の研究や，音節に関する研究が進行するにつれてあらためられることになった．英語やラテン語などの音節言語においても，モーラという音韻的単位が欠くことのできない役割を果たしていることが明示されたのである．こうして，音節と並んでモーラという概念が多くの言語において不可欠な音韻単位であることが今日では常識となっており，モーラは日本語のみの特別な音韻単位でなく，多くの言語分析に必要とされているということが立証されている．また，窪薗（2016）では，日本語のアクセント位置の決

定は東京方言などを含めてモーラを数える体系がほとんどであるが，鹿児島方言では音節を数えていることが指摘されている．また，川原（Kawahara 2016）でも日本語の音韻的単位として音節を認める必要性を提案している．こういった，新たな知見や観点からも心理言語学における，音声獲得や音声知覚の研究は行なわれるべきであろう．

次に，統語論における情報処理について概説してみよう．重野（2012）によれば，以下の2つの文は関係詞節が中央に埋め込まれている構造を持ってはいるが，読み手によってはその処理の困難さに違いが生じる．

(3) a. The reporter that attacked the senator admitted the error.
　　b. The reporter that the senator attacked admitted the error,

（重野 2012）

重野（2012）は，(3a) は関係代名詞が主格である構文であり，(3b) では関係代名詞が目的格である構文であると述べている．それゆえ，2つの観点から，(3b) の構文は処理が困難であると指摘されている．1つ目は，(3b) では関係詞節 that the senator attacked が主節に埋め込まれていて，主節の the reporter admitted the error を途中で分断している構造である．そのために，分断された分節をワーキングメモリーに保持することが求められることになる．また，2つ目は，the reporter は主節の主語であると同時に関係詞節の目的語であるので，1つの概念が異なった役割を担っていることにより，理解は困難となるというものである．

一方，(3a) は主節が関係詞節によって分断されているが，the reporter の役割は主節でも関係詞節でも同時に主語という1つだけの役割を担っているので統語的な処理に困難さは生じない，と述べられている．

レベルト（Levelt 2013）は，心理言語学は主に以下の4つの歴史的根幹から成立していると述べている．第1には，言語の心理的起源に関わる議論をもとにした，比較言語学的な観点である．第2には，ブローカ失語やウェルニッケ失語のような失語症に関する脳内の言語の研究である．第3には，子どもの（言語など）発達の日記記録式アプローチに基づく研究分野である．最後の4つ目は，発話や言語処理の実験器具などによる実験論的アプローチに基づく研究分野である．

以上みてきたように，心理言語学という学問の研究分野は人間の得た自然言語の獲得・喪失や，調音・認知（知覚）などという現象をさまざまな角度（視点ま

たは言語理論）や手法（実験）によって，解明しようとするものである．

最後に，心理言語学を研究するうえで重要な役割を果たし，示唆的な研究をした海外の代表的研究者の名前をあげておくこととする．かならずしも年代順や研究手法別などではないが，ジョージ・ミラー（George Miller），ロジャー・ブラウン（Roger Brown），ダン・スロービン（Dan Slobin），デイヴィド・マクニール（David McNeill），ハーバート・クラーク（Herbert Clark），イーブ・クラーク（Eve Clark），ダンニー・スタインバーグ（Danny Steinberg），ディヴィド・イングラム（David Ingram），アン・カトラー（Anne Cutler），ウイレム・レベルト（Willem Levelt），スティーブン・ピンカー（Steven Pinker）などがあげられ，本書の読者には，これらの研究者たちの論文や著書を参考にすることをお勧めする．

より深く勉強したい人のために

・大津由紀雄編（1995）『言語（認知心理学3）』東京大学出版会．
　『認知心理学シリーズ』の1巻であり，出版年は少し古くなるが，認知心理学の観点から言語習得のさまざまな分野について，包括的に概説されている．初級者から上級者にかけての幅広い読者が対象とされている．

・杉崎鉱司（2015）『はじめての言語獲得』岩波書店．
　生成文法理論の観点から，主に英語と日本語の統語論における言語獲得（母語獲得）のシステムを概説したものである．

・Levelt, Willem（2013）*A History of Psycholinguistics: The Pre-Chomskyan Era*, Oxford: Oxford University Press.
　Leveltにより心理言語学の歴史がまとめられた概説書である．18世紀からの歴史をたどっているが，チョムスキーが登場した後の生成文法の枠組みよる心理言語学（generative psycholinguistics）の部分についての記述がないのが残念である．上級者向きである．

・Clark, Herbert and Eve Clark（1977）*Psychology and Language*, New York: Harcourt Brace Jovanovich.（藤永保他訳（1986）『心理言語学（上・下）』新曜社）
　出版年次は古くなるが，心理言語学の研究分野というものがいかなるものかということを全般的に見渡すことができる良書である．初級者から上級者まですべての読者層を対象としている．

・Harley, Trevor（2008）*The Psychology of Language*, Third Edition, New York: Psychology Press.
　ページは少し多くなるが，心理言語学の分野全体を手際よくまとめたもので，初級

者から上級者までの幅広い，読者層を対象としている良書である．

文　献

池内正幸 (2012)「進化言語学の方法論」藤田耕司・岡ノ野一夫編『進化言語学の構築』ひつじ書房, 15-34.

窪薗晴夫 (2002)「日本語音の音声研究と一般音声学・音韻論」『月刊言語 30 周年記念別冊』: 136-147.

窪薗晴夫 (2016)「日本語音声の謎と難問」『日本語学』5 月号: 2-12.

重野　純 (編) (2012)『言語とこころ』新曜社.

杉藤美代子 (1999)「ことばのスピード感とは何か」『月刊言語』9 月号: 30-34.

寺尾　康 (1988)「心理言語学の潮流」『月刊言語』3 月号: 113-115.

西原哲雄 (2012a)「日英語の失語症における脱落要素について」関西英語英米文学会編『Kwansai Review』29 号: 1-9.

西原哲雄 (2012b)「語の構造について」西原哲雄 (編)『言語学入門 (朝倉日英対照言語学シリーズ 1)』朝倉書店, 37-63.

Aichison, Jaen (2003) *Words in the Minds*, London: Blackwell.

Burzio, Luigi (1998) "Multiple Correspondence," *Lingua* **104**: 79-109.

De Boer, Miriam (1981) "The Inflection of the Italian Verb: A Generative Account," *Journal of Italian Linguistics* **2**: 55-93.

Gordon, Peter (1985) "Lexical-Ordering in Lexical Development," *Cognition* **21**: 209-242.

Kawahara, Shigeto (2016) "Japanese has Syllables: A Reply to Labrune," *Phonology* **33**: 169-194.

Kean, M-L. (1977) "The Linguistic Interpretation of Aphasic Syndromes: A Grammar in Broca's Aphasia," *Cognition* **5**: 9-46.

Levelt, Willem (2013) *A History of Psycholinguistics: The Pre-Chomskyan Era*, Oxford: Oxford University Press.

Nespor, Marina and Irene Vogel (1986) *Prosodic Phonology*, Dordrecht: Foris.

Plag, Ingo, Sabine Arndt-Lappe, Maria Braun and Mareile Schramm (2015) *Introduction to English Linguistics*, Third Edition, Berlin: Mouton de Gruyter.

Prince, Alan and Paul Smolensky (2004) *Optimality Theory*, Oxford: Blackwell.

Sasanuma, S., Kamino Akio and Kubota Masato (1986) "Agrammatism in Japanese," Unpublished Ms.

Say, Tessa and Harald Clahsen (2002) "Words, Rules and Stems in the Italian Mental Lexicon," in Sieb Nooteboom, Fred Weerman and Frank Wunen (eds.) *Storage and Computation in the Language Faculty*, Dordrecht: Kluwer Academic Publishers, 93-129.

Trask, Larry (2007) *Language and Linguistics: The Key Concepts*, London: Routledge.

Trubetzkoy, Nikolaj (1958) *Principle of Phonology*, Los Angeles: University of California Press.

Vogel, Irene (1993) "Verbs in Italian Morphology," in G.E. Booij and Van Marle, J. (eds.) *Yearbook of Morphology 1993*, Dordrecht: Kluwer Academic Publishers, 219-254.

第1章 音声・音韻の獲得

冨田かおる・西原哲雄

　本書第1章の題目である音声と音韻は，言語学の分野では前者には学という幅広い意味の語をつけ，後者には論という限定した意味の語をつけ，それぞれ音声学，音韻論と呼ばれる．音声学と音韻論はともに音で始まる術語であり，音声一般の事象や諸言語の特徴を扱う学問である．それでは，音声学と音韻論で扱う主題はどこがどう違うのであろうか．

　音声学と音韻論の違いを明確に，また詳しく説明できる人は，言語学の専攻であってもあまり多くはないかもしれない．音声学とは調音音声学，聴覚音声学，音響音声学に分かれ，それぞれ，音をどのように発話するのか，音声として知覚できるのはなぜなのか，異なった空気圧が定期的に繰り返される音波の性質は何なのかを調べる分野である．音韻論は，ことばとして区別される音声を扱い，諸言語が持つ音素と音韻の特質や，それぞれの音素の配列や音韻特徴がどのように単語や句を構成しているのかを説明する研究である．

1.1 音声・音韻概論

1.1.1 音声学と音韻論の連携

　音声学は言語実験や言語調査を行ない，音声の生成と知覚の仕組みを詳しく調べる学問である．音声生成や音声知覚のモデルを提示し，それらの応用により，合成音声を作り，その精度を上げる技術開発を続けている．

　音韻論は，人間にしか与えられていない高度な仕組みを持った音声言語が，現在の姿に至った理由やその背景を考慮に入れながら，諸言語の音素の特質とその配列や韻律特徴について，言語全体像の解明を目標としつつ，その説明を試みている．

　理論と実践の区別から考えると，音声学は実践的で音韻論は理論的であるという説明でよいだろうか．答えは否である．音声学も音韻論も理論研究をもとにし，

さらに言語習得や言語教育での応用実践研究が行なわれており，その意味では，ともに理論研究と実践研究を有機的に融合させたものといえる．

人間が言葉やその音声を獲得する過程で，頭の中で何が起きているのかや，人間はなぜ音声を獲得できるのか，もしくは十分には獲得できない理由はなぜなのか，という主題に取り組むには，音声自体の特質とそれを身につける側である人間の能力と，両者の関係を知らなければならない．心理学，神経学，生物学からの助けも必要である．ここで，音声学と音韻論の研究内容は区別されるべきであろうか．

言葉の研究は，はじめ音韻論部門から音配列に関する探究が始まり，いまでいう哲学分野のものであった．何百年も前から，もしくは何千年も前から，人々は音声やそれに当てはまる記号に興味を持ってきた．その後，19世紀から20世紀にかけての約100年間，科学的に大きな発見や発明が相次いだ．そして，その後，21世紀に至るまで，音声分析や音声視覚化の技術に支えられた手法が取り入れられるようになった．言語研究と物理研究が歩み寄り，1つになりつつあると考えれば，音韻論と音声学の説明対象と研究手法は，特に区別する必要のないものとなりつつある．

1.1.2 幼児の音韻獲得

語彙や句を，言葉として通じる音の連なりとして発し，また，連続音から得られるあらゆる種類の音声特徴をもとに，意味を持った単位として知覚できるようになるには高度な能力を必要とする．先天的疾患や環境により言葉の習得が遅れ，時にまったく言葉を使うことができない場合にはこの能力を獲得するための素地が欠けていることになる．生まれてから一定期間，耳にし口にしながら獲得した母語と，その後，学習により習得した外国語とを同じ土台で論ずることはできない．外国語の音韻習得が非常に難しいことから，翻って考えてみるに，幼児が音韻を獲得する力とその過程には驚くべき側面がある．

幼児の音韻獲得に関しては，理論やモデルによる説明が提案されている．このうち，言語は生まれながらに備わっている能力に，周りからの刺激が加わり獲得につながるという大枠については，言語学者も心理学者も賛同している．このうち，特に音韻習得については，どのような音声でも初期には反応を示すが，徐々

に周囲で使われている母語の音声にだけ耳を傾けるようになるという現象が，言語実験結果をもとに証明されている．

　乳児期における音声への感性については，言語学，心理学に加え，音楽に関する研究分野で議論されることが多い．言語音声獲得は，生まれてまもなく，もしくは胎児の頃からすでに始まっており，音の高低や施律に反応するといわれている．乳幼児には，通常，他の音高と比較することなしにドやレの音名をいえる絶対音感を身につける可能性が備わっており，その臨界期は4歳から6歳頃である（Deutsh 2004: 343）．この時期は，外国語音素を獲得し，母語話者同様の発音で話せるようになるかどうかの分かれ際と一致している．

　母語音韻体系選択の様子については，生まれてからを，その変化に応じた時期に分けて論ずることができる．生まれてすぐは，音声別に異なった反応を示すことからどのような言語音声でも区別できるのではといわれている．この能力は約6カ月から12カ月頃の間に著しく低下する．そのかわりに周囲で話されている母語の音韻体系に神経を集中するようになるとともに，特に母語の子音知覚が高まる（Rivera-Gaxiola et al. 2005）．個々の音韻特徴とその習得の時期や度合の，より詳細で明確な答えについては，心理学や神経学，生物学，音声学，言語学で現在行なわれている言語実験結果を待たねばならない．

1.1.3　臨界期論争

　大脳言語中枢成熟過程の境である臨界期（critical period）を境に，言葉の習得が非常に難しくなるという事実は，言語教育分野では重要な事柄として受け止められている．臨界期と外国語学習開始時期を関連づけ，それ以前の学習開始を試みようと考えた場合，臨界期がいつであるかは是非知りたいところである．

　臨界期論争の走りとなった学者の1人である，レネバーグ（Lenneberg, E.）は言語習得の過程は生物学的成長過程でもあり，大脳再組織の順応性が下がる12歳か13歳を臨界期と定めた．その後，多岐にわたる言語実験と調査で，より低い年齢を提示する研究もあり，議論の一致はみられない．

　臨界期は，その後，第2言語習得にも影響があるのではと考えられるようになり，レネバーグが示した同じ時期を提案する研究や，より低学年の6歳か7歳を提案する研究もあり，母語に関する研究と同様，結論は得られていない．

ここで，臨界期擁護論者は，その境を過ぎてから学習を始めた場合の外国語発音は，決して母語話者のようにはなりえないと主張する．他方，たとえ臨界期を過ぎてからの学習開始であっても，母語話者同様の発音で話すようになる場合もあると考える研究者もいる．近年では，母語話者同様（native-like）という言い方をせず，母語話者に近い（near native）発音で話すことは可能であると証明する傾向がみられる．しかし，このことと臨界期の影響があるという主張とを同一視することには無理がある．臨界期の時期や，さらに，その影響について，意見の一致を期待するのは時期尚早であろう．

1.1.4　小学校英語音声教育

　小学校における英語教育は高学年の5年生と6年生に課外学習としての導入が始まり，その後，授業時間を確保した本格的な教育が始まった．小学校での英語教育導入については，臨界期を議論の中心とした，早期学習を勧める意見と，体制が十分整っていない状況での導入は，たとえ臨界期の面で，よりよい教育が期待できると考えても，学習者が耳にする英語が適当なものではない場合，かえって逆効果であるという意見に分かれている．

　文字と発音や，それらの関係をどのように小学校英語教育に取り入れればよいのかについては種々の意見が出されている．その中で，感受性が高いうちに外国語のさまざまな音声を耳にするのがよいとの前提で，文字を一切使わずに日常のやりとりや歌を導入する方法を勧める意見が大半である．しかし，外国語文字の知識や習得は日常生活で何気なく目にする情報を通してかなり進んでいることから，文字や単語，句を音声と同時に上手に導入することは，学習者の負担にはならないであろうという考えもみられる．どのような状況でどの時期に書き言葉を提示するのかは，より深く探求すべき課題である．言語習得論の成果に基づく論理的で科学的な見解のもとに小学校英語教育の発展を求めるのが理想であろう．

1.1.5　文字と発音

　古代の学者は言語が音声単位から構成されており，これと一致するものとして，アルファベット文字が作られたと考えた．現在では言語音を視覚化する技術の発展により，言語音と文字は1対1の関係ではなく，また音声は文字のようにひと

つひとつを切り離して1列に並べることはできず，種々の音が重なってできていることがわかっている．文字や発音記号に当てはめることのできる，はっきりと分かれた音声は自然な会話には存在しない．音素は，そのように聞こえる，という聞き手側の区別なのである．

現実に，物理的には一致していない音声と文字を結びつけて同時に教えるよりは，導入では音声に重きを置き，少し慣れてきたところで文字をみせるやり方の方がよいというのは，小学校英語教育の現場とその関連組織で，ほぼ一致した意見かもしれない．自然に英語を発するように導くのが理想であり，無理に音声と文字を結びつけて覚えさせる必要はないともいえる．

アルファベット文字の導入には慎重論が多く，AからZまで練習するよりは，「この字知っている」という発言から，使える文字を増やしていくのがよいようである．テレビ，雑誌，街にみられる標識，洋服や文房具のデザイン文字と，子どもの文字認識は，大人が気づいている以上に高いものである．

歌やゲームでの学習を小学校英語教育で活用することについては，その是非を問うことはあまりない．むしろ，英語の音声を楽しく学ぶ方法の1つとして大いに勧められているようである．確かに楽しく歌を唄い，英語の音声に親しみを持ち，短い表現に慣れていき，また，ゲームをしながら単語や会話文を口にしたり，耳にしたりしながら英語を自然に身につけることができれば，願ったり叶ったりであろう．

音声を学びながら，綴りとの関係をも身につけ，直接，読解や作文につなげようという試みもある．フォニックス（Phonics）と呼ばれるこの方法は，音声と綴りとの関係を，単語を用いて繰り返し，口に出して読み，また，書いて練習することで身につけることを目標として掲げている．さらに，新しい単語に出会ったときにも，綴り字を読み，その発音がうまくできることを理想としている．

この目標を達成するには単語を，全体よりも，むしろ細かな部分に分けて，多少，単調で機械的な説明が必要である．また，英語は音声と綴りの関係が1対1ではなく，1対多や多対1と，その組合せが複雑であることを学ばなければならない．このことが，学習者を混乱させ，初級の楽しいはずの外国語学習が難しくて嫌になってしまうとの批判も耳にする．さらに，すでにかなりの単語を覚えている学習者には，かえってわずらわしい説明だと思われることでさえある．

綴りと音声の関係は，その組合せを順番に説明したり，練習したりするのもよいが，むしろ，アルファベット文字に不慣れで綴りを間違えて発音したときに，なぜ間違えたかの説明を，豊富な例をあげて丁寧に行なえるように，教授者が日頃から知識を蓄えるよう心がけるとよい．

1.1.6 話し言葉と書き言葉

音声・音韻の獲得は主に話し言葉で扱われると考えてよいであろうか．言葉を聴き話す行為での事柄と一般的にはとらえられているかもしれないが，言葉を読み，書く行為にも音声・音韻の獲得が深く関わっているというのが，認知言語学での通説といえよう．

世界の中でも識字率が高いといわれている国の言語研究や言語教育を考える際，たとえば，日本語や英語のように，話し言葉と書き言葉が共存した状況での音声・音韻の獲得に意識が集中する．しかし，書き言葉を使わず，話し言葉のみで人々が生活している国もかなりある．さらに，幼い頃に覚えた言葉と，小学校に入ってから習う言葉が異なり，国語として学校で習う言葉は話し言葉と書き言葉の両方であるが，母語は話し言葉のみで十分であるという生活もある．確かに音声を聴き，また使うことで言葉を自由に操り流暢に話せるようにはなるであろう．しかし，外国語を使ったコミュニケーションの本当の意味や，そこでの音声・音韻の役割を考えるときには，書き言葉の役割とそこから得られる情報はないがしろにはできない事柄である．

1.2 音声・音韻の習得

1.2.1 音素の習得

母語は通常，幼い時期から自然な環境において徐々に身につけられるものである．これに対し，外国語の場合は，幼い時期から自然な環境において徐々に身につける人はごく少数であり，多くの人にとっては，学童期の早い時期か後半になって，外国語の音韻を学び始めるのが普通である．ここで，その外国語の音韻習得が完璧になされるのか，母語の影響は少なからず残るのかが問題となる．

母語の影響については，習得目標言語との音韻の違いが，習得の難しさの指標

となる．母語と目標言語に共通の音素が存在するか，一方では音素であるが他方では異音であるか，もしくは，一方では音素であるものが他方では異音としてでさえ存在しないか，などの区別が重要である．この3つの区別は，母語と同じ音，母語では異音のもの，母語に存在しない音と，順に難しさは増していく．

ここで，母語にない音の場合，それに似た母語音で置き換える傾向が強い．さらに，まったく違った特徴の音と，少し似ているが違った特徴を持つ音とでは，どちらの習得が難しいかは，相似の度合に加え，人間による処理の難易が加わり，議論の一致はみえていない．

1.2.2 成人の音韻習得

成人の音韻習得は単純な話ではなく，ことばの音韻体系の比較を中心に据えた説明だけでは不十分である．音の発音自体の難易や，あまり使われないめずらしいものかどうかという，音本来の複雑さにも目を向ける必要がある（Eckman 2012: 93）．

幼児の音韻獲得と比較すると，成人の音韻習得過程の特徴は，その多くは，すでに母語の音韻を獲得し，次の言葉の音韻体系を新たに身につけようという試みである．その難しさについては，臨界期を過ぎているかどうかを中心に議論される場合が多いが，むしろ，言葉の生成と知覚やその関連づけが母語の音韻体系をもとに行なわれているのかどうかもしれない，という根本的な理由に目を向ける必要がある．

外国語学習時に，音声と音韻習得のためにはどうしたらよいのであろうか．また，外国語を教える立場にある場合，音声と音韻習得を指導する際には何が必要であろうか．

音声・音韻指導に重要な役割をするものの1つに，言語の「リズム」（rhythm）があげられる．一般的に，言語のリズムは，英語やドイツ語などのゲルマン語系言語にみられる「強勢拍リズム」（stress-timed rhythm）とスペイン語やフランス語などのラテン語系由来言語でみられる「音節拍リズム」（syllable-timed rhythm）に分類されている．

前者の強勢拍リズムでは，強弱または弱強の強さの一定の繰り返しからなり，後者の音節拍リズムでは，それぞれの音節が一定のテンポで，繰り返し発話され

るというものである．類型論的にこれらの分類では，前者は複雑な子音連続構造と母音脱落の傾向を持ち，後者は単純な子音連続構造と非母音脱落という特徴を保持しているものとして，二分類的手法で述べられている．しかしながら実際には，Nespor (1990) では，上記の分類にうまく当てはまらない言語も存在することが指摘されている．すなわち，ポーランド語は強勢拍リズムを持つので，上記の分類にしたがえば，母音弱化を持つはずであるが，ポーランド語はそれを持たない．また，カタルーニャ語は音節拍リズムであるので，上記の分類では母音弱化を持たないはずであるが，実際この言語は母音弱化を持っている．このように，ポーランド語とカタルーニャ語は，上記の二分類的手法には入らない，第3類的な言語に属するということになる．

　また，このような音声的要因である，言語のリズム構造が，言語の統語構造に影響を及ぼすことがある．英語では，リズム構造は強勢拍リズムであるので，その基本的リズム構造は強音節（Strong Syllable: S）と弱音節（Weak Syllable: W）が交替で出現するSWまたはWSが好まれることになる．シンラ(Shih et al. 2015)によれば，これらのリズム構造が，統語構造の属格が使用されるとき，属格としてのsなのか，それとも属格としての前置詞のofを用いるのかを決定する重要な要因になっていると述べている．以下の例を参照されたい．

(1) a. the children's voices
　　　W　S W　S W
　　b. the voices of the children
　　　W　S W W W　S W

(1a) では，属格のsを用いることで，英語の好ましいリズムである，SW構造が満たされている．一方，(1b) の方では，前置詞のofを使用することによって，弱音節であるWが3つ連続することになり，英語の好むSW (WS) 構造が満たされない構造となり，その結果，(1a) の構文の方が選択されやすいということになる．ちなみに (1b) のように弱音節のWが3つ連続する構造は英語という言語ではできるだけ避けたいリズム構造であり，超過（lapse）という用語が用いられ，このような構造を避けようとするために語や文節音の移動が求められている．

　また，シューリター（Schliter 2015）によれば，強勢の衝突をさけるために，(2a) におけるような形容詞（asléep）を名詞の直前に置く統語構造よりも，(2b) に見られるような強勢衝突のない関係詞を用いた構文の方が好まれると指摘して

いる．

(2) a. the asléep pérson
b. the pérson who was asleep

1.2.3 音声学と音韻論の教育

　言語のありようや習得過程を科学的に分析し解釈するためには，音声学と音韻論の知識が必要である．言語の音に関わる分野であり，また分節，音節，モーラに始まる小さくかつ意味深い単位の機能や，その関係を，階層の概念を用いて説明することで，語や句，発話という，より大きな単位を対象とした音韻現象が説明できる理論に発展してきた．さらに，学際的分野として，隣接する心理学や教育学，工学，医学とともに知識をやりとりすることで応用研究が生まれ，新しい発見や発明が社会における実践活動につながっているといえよう．翻って，その過程で生まれた新しい技術や手法を用いて，歴史言語学における古くからの問題を新しい切り口からひもとくことも期待されている．

　言語に限らず，多くの分野で古くて新しい問題に取り組んでいるのは，分析技術の発展によるところが大きい．こうして，音声学や音韻論の立場から言語変化を見直し，その知識をもとに，地球上からその姿を消しつつある危機言語への取り組みも積極的に行なわれている．現在使われている 6800 余りの言語は 21 世紀中に 10％にまで減るといわれていることから（Austin 2008: 214），遅きに失した行動であるかもしれない．

　言語変化については，15 世紀から 17 世紀における大母音推移や紀元前の第 1 次や 5 世紀の第 2 次子音推移が音韻論・音声学の文献で紹介されている（Ashby et al. 2005: 81）．言語変化は世代間や発話のさまざまな表現形式にみられ，現在も続いているものである．その一部は著書や論文で，よく起こる例として紹介されている．たとえば /ŋ/ が [n] と発音される場合や（Teschner 2004: 184），/t/ や /d/ が [ɾ] となる（Teschner 2004: 189），また /sj/ が [ʃ] という子音に変わるなどである．さらに /æ/ → /e/，/e/ → /ɪ/，/ɪ/ → /ə/ という母音変化の連なりが観察される地域もある（Drager 2011: 102）．

　観察と分析の対象を諸言語に広げれば,無数の変化型がみつかることであろう．言語の観察と分析による発見は，また特に外国語の場合には胸躍るものがある．

英語を筆頭に，そして近年は世界共通語としての英語，そして自国語や，また，日本への留学生がもたらす諸言語についての話は，手に届く，身近な話題といえよう．

これに対し，生の音声が身近にはなく，また，手に入れることが容易ではない言語や，さらには，たとえば身近な外国語である英語でも，その方言についての知識が，何らかの機会に，ほんの欠片ほどの情報ではあるが，耳にできることもある．オクラホマの女性と話す機会があり，靴の踵のヒールと丘のヒルの発音が似てきたという話を聞いたのは，筆者にとって大変な驚きであった．それぞれ /hiːl/ と /hɪl/ という発音であり，母音の長さに加え母音の質自体が異なる．この区別の習得が，英語のリスニングとスピーキングに必須であると繰り返し教育してきた者にとっては青天の霹靂ともいえた．

複雑で難しそうな音声学や理屈っぽい音韻論を苦労して勉強しても，現実の音声は年を経て変化し，音韻理論と音声現象には常に乖離がみられるのではと疑念を持つ方もいるかもしれない．しかし，言語が変化し続けるのはなぜなのか，人間の言語使用や言語習得と，言語変化との関連はどのようになっているのかと，言語変化の意味や話題の面白さをみいだせるのは，この分野ならではである．

1.3 母　　音

1.3.1 母音体系の教育

日本語の母音体系（vowel system）を考えるとき，古くから親しまれた方法として，五十音図をあげることができる．「あいうえお」と，左端縦一列に 5 母音が並び，か行，さ行，た行，な行，は行，ま行，ら行では，各母音の前にそれぞれの子音がつき，モーラと呼ばれる音単位を形成する．や行では，「や，ゆ，よ」の 3 音が，わ行では「わ」と「を」の 2 音の組合せのみとなり，5×10 図からはみでた 1 音として「ん」がある．縦に各母音，横に各子音が並び，/ji/，/je/，/wi/，/wu/，/we/ を除く組合せがあることが明快であり，立体的な視覚に基づく理解を促す図であるといえよう．

音声を形成する特徴を並べ，その組合せで母音を表す方法は古くから試みられており，国際音声字母（International Phonetic Alphabet: IPA）というあらゆる言

葉を示すことのできる規準として，国際音声協会から提案されている．図1.1は，その母音図（vowel space）である．

見慣れた記号もあるかもしれないが，多くは，実際どのような音声であるのかや微妙な区別が不明確であるかもしれない．母語に加え，外国語を1つ，2つ，3つと習う機会があれば，このうちのいくつかはしっかりと覚えた方がよい知識である．また，実際に声に出して発音し，体得することをお勧めしたい事柄であり，そのための音声を表す記号である．実際の音声は，paulmeier.com から購入できるCD，*The Charts of the International Phonetic Alphabet: an interactive animation* がお勧めである．

日本語の母音図は，図1.2のようにすっきりとしたものとなる．

比較のためにアメリカ英語の母音図を図1.3に示す．

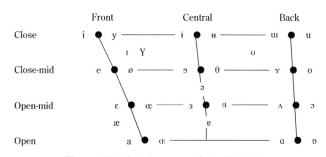

図1.1　国際母音図（IPA 1999 を参考に筆者作製）

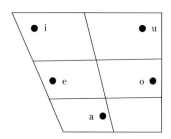

図1.2　日本語の母音図（IPA 1999 を参考に筆者作製）

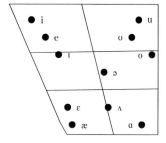

図1.3　アメリカ英語の母音図（IPA 1999 を参考に筆者作製）

日本語とアメリカ英語の母音を比較すると，日本語が5母音，アメリカ英語が11母音となり，数自体が異なるため，音素の特徴を1対1に比較することはできない．外国語の学習では，母語で身につけた音声に置き換えて生成や知覚を行なうといわれている．試しにそれぞれの母音を分類し，対応づけてみよう．日本語 /i/ — 英語 /i/, /e/，日本語 /e/ — 英語 /ɪ/, /ɛ/，日本語 /a/ — 英語 /æ/, /ʌ/, /ɑ/, /ə/，日本語 /o/ — 英語 /o/，日本語 /u/ — 英語 /u/, /ʊ/．これはおおよその分類であり，外国語として学ぶ英語や日本語で，生成と知覚の際に実際どのような対応づけがなされているのかについては，常に気をつけそして耳をそばだてて聞き取る必要がある．また，今後の詳細な研究の成果が待ちどうしいのはいうまでもない．

1.3.2 母音空間を用いた発音練習

外国語学習者を対象とした発音練習の秘訣はなかなかみつからないものである．英語母語話者の教師や日本人英語教師のもとで，十分な発音指導を受けたことのある人は多くはないであろう．集中講義や特別講義で発音練習を行なったり，会話学校に通って発音の指導を受けた方がいるかもしれないが，その数は決して多くはないであろう．さらに，発音の，ともすると機械的な練習を外国語学習と呼ぶのを避ける風潮もある．日常の身近な状況で用いられる表現を使って授業を進め，教授者が気づいた点については音声説明や発音修正の指摘を行なうのがよいであろう．このような練習を繰り返すことが，実際に行なうべき発音練習で，そのように他の練習項目と合わせて学習するのがよいと思われる．

発音練習の教科書や付属CD，音声ダウンロードによる教材を用いた練習に加え，PC教材ソフトに組み込まれた模範音声と学習者の録音音声を比較し，母語話者の発音に近づけるよう，繰り返し練習を行なう方法が用いられている．これらの音声教材は授業でなくとも，個人で練習できることから，発音練習は自学自習向きであるとの意見も耳にする．

外国語の小説やエッセイを，辞書を引きながら読む．短かい文章を聞き，読み，そして練習問題を解き，答えを合わせる．また，添削指導向けの文章を辞書やコーパスを参考にしながら書いてみる．気がつけば，時間を忘れて没頭していたという経験をお持ちの方がいらっしゃるのではないだろうか．しかし，音声教材を

使って発音練習をするうちに,思いがけず没頭してしまったという方は,果たしていらっしゃるだろうか.

1.3.3 母音の発音診断

母音の単純な発音練習ではあるが,学習者一人一人の単語発音を録音し,Praat 音声分析ソフト（Praat sound analyses software）を用いてその場で分析し,フォルマント値（formant value）を返す方法に手ごたえがあったので,ここで簡単に紹介しよう.フォルマント値は母音の発話における口の開き具合と舌の形の盛り上がった位置に相当する音響値であり,音波の周波数をもとに計算される.前者が第1フォルマント,後者が第2フォルマントとなる.

本章の1.3.1項に示した母音図にフォルマント値を当てはめると,図1.4のように,縦軸の上から0～1000ヘルツ（Hz）,横軸の右から1000 Hz～3000 Hzの数値が入る.縦軸が第1フォルマントで,最上部が口を閉じた状態,最下部が口を大きく開いた状態である.横軸が第2フォルマントで,左端が舌の先が盛り上がった状態で,舌を延ばして発話することになる.右端は舌の付け根が盛り上がった状態で,舌を引いて発話することになる.

英語の母音を含む6つの単語を書き入れると図1.4となる.

フォルマントで形作られる母音空間に,日本人英語学習者が発音した6単語の母音を書き入れ上記と比較するとはっきりとした違いがみられる.22人の大学生を対象に行なわれた,言語実験結果から得られたフォルマント1とフォルマント

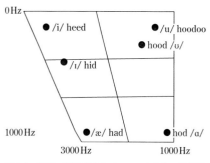

図 1.4 英語6単語母音（IPA 1999 をもとに筆者作製）

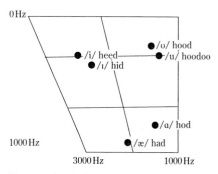

図 1.5 日本人英語学習者による英語6単語母音（IPA 1999 をもとに筆者作製）

2の平均値は図 1.5 のようになる（Tomita 2016: 7）．

実験結果からは，英語母語話者の母音空間の広がりに対し，日本人英語母語話者のものは中心に寄っていること，さらに，前閉母音の /i/ と /ɪ/ の区別，後閉母音の /u/ と /ʊ/ の区別が十分でないことが明らかである．

1.3.4 母音空間を用いた発音練習の実態調査

発音練習は，授業を担当する教師の判断で，英語らしい発音であるか，聞きやすいものであるかを，また，母語話者の発音に近いものにするための指導を行なうのがよい．その際，練習方法を提示し，進歩の度合を示唆することはできても，どこをどうすれば発音がよくなるのかの指導は，実際には容易ではない．

音声学と音韻論の理論を持ち合わせていても，また，音声学と音韻論の実践を身につけていても，実際に発音してみせながら，発音の指導を行なうことは簡単なことではない．この場合，音声教材や PC ソフトを用いたドリルや判断テストも同時に利用するのもよい．このような現状から，発音練習は自習に適している，という意見が出てくるのかもしれない．

発音練習を行なっても急には進歩しないもので，どこがどうよくなったかの実感は持ちにくい．しかし，音声分析ソフトの Praat を用いた発音自己判断を実際に授業に取り入れたところ，思いのほかよい反応を得られた．表 1.1 に受講生の

表 1.1 実態調査結果

回答 1	単語によって F1 と F2 の開きが大きいものもあれば，あまり数字に開きがないものもある．ただの発音だけではわからないが，こうやって数字化すると違いがみえてくるので面白いと思いました
回答 2	実際に自分のデータをこういう形で出したのは，はじめてで，わかってよかったです．フォルマントの動きが足りないかなと思うので，これからはもっと発音を意識して気をつけたいと思います
回答 3	自分としては意識してやっているが，実際にみてみると，そんなに差がないなと思った．発音は難しいと改めて実感した
回答 4	[i] や [ɪ] で，本来の発音よりも周波数が F1, F2 ともに高い．[u] と [ʊ] の発音の区別について，どうしたらさらに発音がよくなるのか気になった
回答 5	プリントの母音空間図と比べると，[ʊ] の F2 が少し高いということがわかる．つまり，舌を正確に動かしてはいないということがわかった．自分でも苦手な音だと思っていたので，録音して数値に表すと一目瞭然だと思う．その他の音は，だいたい音の識別ができていると思う．これを使うと発音が正しいかどうかがわかるので便利だと思う

感想を一部紹介する．

　1時間半の授業で行なわれた発音自己分析は，以下のようなものである．まず，フォルマントと母音空間の説明をし，6種の母音を含む単語の発音練習をペアワークで行なった．その後，担当教員のもとでひとりずつ単語を読み，録音，分析を行ない，結果の数値を口頭で伝えた．母語話者の各母音の位置が書き込まれ，母音空間図が紙に印刷されたものの上に，自らのフォルマント1と2から得られた母音を書き込んだ．

　診断方法をそのまま繰り返し行ない訓練方法として使っても，受講生は単調と感じるかもしれない．どうしたらさらに発音がよくなるかの答えは，今後さらに多方面から探究されるべきである．

1.4 子　　　音

1.4.1 子音体系の教育

　母音の区別はあまり容易ではなく，聴いて微妙な違いを区別できる場合は多くはない．それに比べ，子音が異なった種類である場合には，その違いに気づく人は多いのではないだろうか．母音は主に言語の地域差にその違いがみられ，子音は主に諸言語の差にその違いがみられるといわれている．たとえば，日本語の /ɾ/ の音は舌を口腔内の上部分，つまり，後歯茎につけてすぐ離すときに出る音である．この音素は英語にはない．英語では /l/ の音が，歯茎につけて出す音であるが，舌先をつけて両脇から空気が漏れるときに出る音であり，まったく違った音である．英語の /ɹ/ も同様に，舌の位置は歯茎であるが，限りなく近づけて空気を出すときの音であり，日本語の /ɾ/ とは異なる音である．

　日本語のラ音に対して，英語にはlとrの音があり，この2音は日本人英語学習者には区別しづらいといわれている．実際，light と right の聴き分けができないという経験をした人も多いのではないだろうか．さらに，/b/ と /v/ の違いも聴き分けが難しい音として話題になることもある．それでは他の音はどうであろうか．母音の場合，日本語と英語に大きな違いがみられたが，子音体系 (consonant system) はどうであろうか．

　母音に比べて，子音の違いは，あまり大きいものではないと解説する音声学の

教科書もあるが，実際，ひとつひとつの音声を比べてみると，結構な違いがみられるのである．音素体系として，同じ位置と同じ出し方の音声であっても，実際の音声が異なる場合もある．たとえば，/p/ と /b/ の音声であるが，日本語の /p/ と /b/ の音声は空気を少しはきながら出す音声であり，英語の /p/ と /b/ の音声は，空気を強くはきながら出す音声である．たとえば，"pit" という単語では，[pʰɪt] と帯気を補助発音記号で表すこともある．

1.4.2　英語と日本語の子音比較

International Phonetic Association（1999）から引用した日本語と英語の子音体系を併せて，表 1.2 に示した．横軸は，舌が口腔内のどの位置で狭めを作るかを示し，左端の両唇から順番に，右に向かうにしたがい口腔内の奥を使い，最後は喉の奥の声門を緊張させて空気を出す，声門閉鎖音となる．縦軸は，狭めがどの程度であるかを示し，上端の，発声器官をしっかりと閉じて空気をいきなり出す閉鎖音から，下に向かうにしたがって狭めが広くなり，最後は，舌の右と左の両側から空気が流れでるときに作られる両面接近音と呼ばれる．

英語と日本語で同じ位置の同じ調音方法の音素は小さな記号で示した．太字の斜体記号は英語だけにある音素，太字の非斜体記号は日本語だけにある音素である．

英語にのみある音素としては，先ほど触れた，/l/ と /ɹ/ の音や /v/ の音に加え，/tʃ/ /dʒ/ /ʃ/ /ʒ/ /θ/ /ð/ /ŋ/ があげられる．これらの音声は日本語にはない

表 1.2　英語と日本語の子音比較（IPA 1999 を参考に筆者作図）

	Bilabial	Labio-dental	Dental	Alveolar	Post-alveolar	Palatal	Velar	Uvular	Glotal
Plosive	p　b		t　d	*t*　*d*			k　g		
Affricate				tˢ	*tʃ*　*dʒ*				
Nasal	m		n	*n*			ŋ	N	
Flap				ɾ					
Fricative	ɸ	*f*　*v*	*θ*　*ð*	s　z	*ʃ*　*ʒ*				h
Approximant				*ɹ*		j	w		
Lateral approximant				*l*					

ことから，発音が難しいであろうか．もしくは，母音のように，口の開きと舌の形の組合せからなる微妙な違いではなく，まったく異なった音として発音を試みることができるので，かえって習得しやすいと思われるであろうか．

英語にも日本語にもある音素ではあるが，狭めの位置が少し異なるものとして，/t/ /d/ /n/ /f/ があげられる．いずれも英語の音素の方が，口の少し奥で狭めを作る音である．これらの音素の場合，日本語と英語との違いが少ないことから，発音がしやすいと思われるであろうか．もしくは母語の音素で置き換える状態から抜け出せず，かえって習得に時間がかかるのであろうか．筆者は後者の考えを支持している．

1.4.3 子音仮想空間を用いた発音練習

子音の発音練習には，たとえば日本語と英語の子音の比較を音声を聞きながら口に出してみるという方法もよいが，いっそのこと諸語の子音をいろいろと楽しんでみるのも効果的かもしれない．さまざまな言語の音素や英語の方言を研究している前述のメイアー（Meier, P.）作成の CD-ROM 教材を用いて音声を提示するのがお勧めである．paulmeier.com のサイトは音声の宝庫ともいえる．

国際音声字母の表をクリックすると子音が聞こえてくるという仕組みで，日本語で使われる音素，英語で使われる音素，さらにはチェコ語，アラビア語，スウェーデン語，ヒンズー語，モンゴル語の音素も生の音声で紹介できる．子音体系も母音と同じで，音を出すための位置と音の種類の組合せによって区別することができるので，いろいろ試してみるのはそれほど難しいことではない．

実際に口の開きや舌が触れる位置の変化でさまざまな音を出してみることはできても，果たしてその音がその言語で実際に人々が使っているものとどの程度近いのかについては，常に不安が伴う．また，単音を声に出すだけの方法は，実際に外国語を使って母語話者と話しをする喜びに比べるとはるかに劣るようで，あまり長く音声を出す練習ばかりを続けると，急激に受講生の興味が下がっていくのが感じられる．

諸語の子音体系を，体得とまでいかなくともそれぞれの発音の位置と調音方法の関係を説明するために単純化したものを視覚化（visualize）し，提示することで受講生の目が輝き，うんうんとうなずき納得されたことがある．国際音声字母

の記号やそれぞれの微妙に異なる音声は少しとっつきにくいと思う受講生でさえ，興味を示した事例である．以下表1.3から表1.7に，アラビア語，ヘブライ語，ヒンズー語，ポルトガル語，タイ語の例を示す．日本語の「ありがとう」に相当する各語での表現を紹介した後に，それぞれの音の違いを説明するのに使ったものである．白丸が無声音，黒丸が有声音を表す．

国際音声字母を入れないと心もとない気もするが，子音の狭めの位置と口の開きの違いによる音の区別を視覚的にみるには，たとえば，提示用ソフトを用いて各ページに書かれたそれぞれの表を手早くみせることで，子音体系の理解につながる効果的な方法だと思われる．

表1.3 アラビア語（IPA 1999を参考に筆者作製）

	両唇	唇歯	歯	歯茎	後歯茎	そり舌	硬口蓋	軟口蓋	口蓋垂	咽頭	声門
破裂	●		○●					○	○		○
鼻	●		●								
震え				●							
たたき											
摩擦		○	○●	○●	○			○●		○	○
側面摩擦					●						
接近							●	●			
側面接近				●							

表1.4 ヘブライ語（IPA 1999を参考に筆者作製）

	両唇	唇歯	歯	歯茎	後歯茎	そり舌	硬口蓋	軟口蓋	口蓋垂	咽頭	声門
破裂	○●			○●			○●				
鼻	●			●							
震え				●					○		
たたき											
摩擦		○●		○●	○●					○	○
側面摩擦											
接近							●			●	
側面接近				●							

表 1.5　ヒンズー語（IPA 1999 を参考に筆者作製）

	両唇	唇歯	歯	歯茎	後歯茎	そり舌	硬口蓋	軟口蓋	口蓋垂	咽頭	声門
破裂	○● ○ʰ●ɦ		○● ○ʰ●ɦ			○● ○ʰ●ɦ		○● ○ʰ●ɦ			
鼻	●			●				●			
震え											
たたき				●		●					
摩擦		○		○●	○						○
破擦					○● ○ʰ●ɦ						
側面摩擦											
接近		●					●				
側面接近				●							

表 1.6　ポルトガル語（IPA 1999 を参考に筆者作製）

	両唇	唇歯	歯	歯茎	後歯茎	そり舌	硬口蓋	軟口蓋	口蓋垂	咽頭	声門
破裂	○●		○●					○●			
鼻	●		●					●			
震え											
たたき				●							
摩擦		○●		○●	○●						●
側面摩擦											
接近											
側面接近			●				●				

表 1.7　タイ語（IPA 1999 を参考に筆者作製）

	両唇	唇歯	歯	歯茎	後歯茎	そり舌	硬口蓋	軟口蓋	口蓋垂	咽頭	声門
破裂	○● ○ʰ			○● ○ʰ			○	○ʰ			○
鼻	●			●				●			
震え				●							
たたき											
摩擦		○		○							○
破擦					○ ○ʰ						
側面摩擦							●	●			
接近											
側面接近				●							

1.4.4　子音仮想空間を用いた発音練習の実践例

　子音の発音を母音と同様に音声分析ソフトで視覚化することは，実践レベルではあまり試みられていない．前者に比べ，後者は音響分析で明確に示すことのできる特徴を抽出するのが難しいのが主な理由であろう．母音は空気の流れを音波として比較的はっきりととらえることができるのに対し，子音は空気の流れが阻害された状態，もしくはそのすぐ後でできる音であり，流れの乱れた状態を分析ソフトで読み取ることとなる．

　音声分析ソフトで示される音響特徴のうち，スペクトルというある周波数の波が重なってみえる部分（spectoral noise region）をもとに音声を区別することができる．たとえば，/s/ と /ʃ/ では，前者の方がより数値の高い位置に波が重なった帯のような太い筋が横にみえる．具体的な数値は研究者によって異なるものを提示しているが，両者の高低の関係についてはいずれも意見が一致している．

　歯茎に舌を軽く触れ息を出す摩擦音の /s/ は，後歯茎に触れ息を出す /ʃ/ に比べ口腔前方の空間が狭いため，高い周波数帯域に波が集中しおよそ 4000 Hz 以上となり /ʃ/ はそれ以下となる．言語学者のクリスタル（Crystal 2010: 143）では，前者が 4000 Hz 辺り，後者が 2500 Hz 辺りという数値をあげている．音響学者のケント（Kent 2002: 163）では，前者が 5000 Hz から 8000 Hz，後者が 2500 Hz，音声学者のリーツ（Reetz 2009: 191）では前者が 4000 Hz から 7000 Hz，後者が 2500 Hz から 3500 Hz とのことである．

　これらの 2 子音は舌が触れる位置がわずかに異なるという微妙な違いであるが，実際の英語教育現場では /s/ と /ʃ/ の区別が不十分で，"sea" や "see" と "she" との区別が不明瞭となる場合があることは，英語音声学の教科書で極端な例として取り上げられているだけではなく，大学生英語学習者にもよくみられる実例なのである．

1.4.5　子音の発音診断

　筆者がそれぞれ 6 人の英語母語話者と日本人英語学習者を対象に行なった言語実験結果では，周波数帯域の数値が /s/ について低くなる傾向が後者に対して観察されている．グループ分けによる比較を行ない検証するまでには至っていないが，"seafood" と "shifting"，"suit" と "shoot"，"son" と "shutting" で測定した値

を表 1.8 と表 1.9 に示す．

同じ単語を 10 回読み，録音したものから分散分析を行なったところ，5%水準での棄却値は 4.41 であり，日本人英語学習者 3 人の "seafood" と "shifting" の区別が不十分と思われた．1%水準での棄却値は 8.28 であり，この場合には，さらに，日本人英語学習者 1 人の "suit" と "shoot" の区別も不十分との結果も加えられた．

1.5 音声・音韻の発展

1.5.1 音声学・音韻論の解説書

大学での音声学・音韻論の科目ではないが，言語学や英語学概論，一般英語で理論を紹介し，また，その応用として実践教育が行なわれていることも多いであろう．大学生，大学院生，一般読者向けに書かれた言語学の著書の 1 つ，"The 5-Minute Linguist" を眺めてみる（Rickerson 2012）．

1 つの章が 4，5 ページの読み切りで，全部で 65 章からなる約 300 ページの本である．そのうち，音声学・音韻論のみを扱っている章は，言語音声の成り立ちについての，ピーター・ラギフォーギド（Peter Ladefoged）による章 "How are the sounds of language made?" である．ここでは，声帯，声道，口腔，舌，唇を使って音が作られる仕組みや，それぞれの器官の組合せで作られる母音や子音の特徴を説明している．世界中の言語で調査されているものを並べてみると，約 600 種類の子音と約 200 種類の母音がみつかったそうである．この数字が多いか少ないかの印象は読者によって異なるであろう．

発声器官の大小や働きの多少の違いはあるかもしれないが，同じ人間として，各発声器官を使って出せる音声に，これほどの数の違いがあることは，筆者にとっては驚きである．ここで何百という音声の違いは物理的つまり音響的な違いもあるが，異なっていると知覚されうるかどうかが区別の基準となる．そして，この区別の基準はある言語体系において，その音が音素としてあるのかどうかということに依存しているのである．

さらに，音声学・音韻論に関連する話題を扱っている章を探すと，全体の 1 割程度を占めている．原題 "Why do Americans Southerners talk that way?" では，

表 1.8 英語女性母語話者 (FE) と日本人女性英語学習者 (FJ) の周波数帯域 [Hz]

/s/-/ʃ/	FE1	FE2	FE3	FJ1	FJ2	FJ3	FJ4
seafood	7634	7994	10890	7288	2562	6560	5665
shifting	4095	3714	1129	3609	3304	4724	5358
Mean	5864	5854	6009	5448	2931	5642	5511
F-value[a]	115.64	114.81	610.88	14.00	NS	9.61	NS
p-value	0.001	0.001	0.001	0.001	0.060	0.060	0.050
suit	5572	6629	8635	5489	4545	6556	6185
shoot	4132	3639	3753	3698	3629	4201	3972
Mean	4847	5134	6194	4593	4087	5378	5078
F-value[a]	6.53	56.45	24.75	14.25	30.01	15.94	266.20
p-value	0.020	0.001	0.001	0.001	0.001	0.001	0.001
son	7192	7694	9599	8424	6293	6932	5050
shutting	4189	3501	3861	3762	4368	4568	6588
Mean	5690	5597	6730	6093	5330	5750	5819
F-value[a]	467.78	91.69	545.07	137.71	11.21	41.18	24.64
p-value	0.001	0.001	0.001	0.001	0.004	0.001	0.001

NS 有意差なし.
[a]：自由度はすべて 1 と 18.

表 1.9 英語男性母語話者 (ME) と日本人男性英語学習者 (MJ) の周波数帯域 [Hz]

/s/-/S/	ME1	ME2	ME3	MJ1	MJ2
seafood	8067	5603	6998	6670	4661
shifting	4639	2781	4291	3513	4667
Mean	6353	4192	5644	5091	4664
F-value[a]	33.86	291.80	226.61	35.74	4.04
p-value	0.001	0.001	0.001	0.001	NS
suit	6042	5516	5225	6881	4687
shoot	4068	2541	3180	3196	3801
Mean	5055	4028	4202	5038	4244
F-value[a]	20.67	224.68	32.55	279.56	40.846
p-value	0.001	0.001	0.001	0.001	0.001
son	6576	5830	5716	7733	5623
shutting	4313	2700	4222	3629	4133
Mean	5444	4265	4969	5681	4878
F-value[a]	69.66	222.50	49.60	318.44	87.65
p-value	0.001	0.001	0.001	0.001	0.001

NS 有意差なし.
[a]：自由度はすべて 1 と 18.

研究上でも一般的にも，よく話題とされるアメリカ南部方言を扱っている．たとえば母音の /aɪ/ と /ɔɪ/ に変わり，"high tide" は /haɪ taɪd/ とならず，/hɔɪ tɔɪd/ と発音される．南部訛りの多くは，アフリカ系の人々が話す言葉の影響であるといわれている．

"What causes foreign accents?" では，電話の相手が母語話者か外国人であるかは，外国語訛りがある場合にはすぐにわかるとしている．たとえば，子音の /θ/ を /t/ で代用し，thing を /θɪŋ/ といわず，/tɪŋ/ と発音する場合などである．外国語訛りの発音は，極端なものを取り上げ，少し誇張した言い方が映画やドラマで使われており，お馴染みの読者もおられよう．

"How many Native American language are there?" では北アメリカ大陸で，ナバホやアルゴンキン，チェロキーと，少し名を知られた言語に加え，300種のインディアン言葉があると紹介されている．その音特徴は通常の子音よりも強く息を吐き出すものや，1つの音節を2つのピッチで発音するものなどがある．これらの貴重な言葉が地球上から急速に消えつつある．あまりにも，もったいない話である．

"Should we be studying Russian?" は，再び外国語訛りの話題である．ここでは，ロシア語訛りの英語を話す人と出会ったら，ぜひ友達になろうと勧めている．冷戦前のアメリカでは，ロシア語を学ぶことに多くの人が意味をみいだせず，文字をみただけで，難しそう，はたまた暗く寒々としたものを連想していたということだが，時代の変化には目を見張るものがある．

"Do all Arabs speak the same language?" では，アラビア語を学ぶときには，現代標準アラビア語に加え，エジプトアラビア語かレバントアラビア語を選ぶ必要があると指摘している．メディアや文学で使われているものに加え，実際の会話に必要な言葉を身につけなければ，現地の人と話すときに困ることになるのがその理由である．

"Is Swahili the language of African?" では，アフリカでは2100種を超える言葉が使われており，その一部は村単位など，少人数のものであることが紹介されている．広い地域で話されていると言われるスワヒリ語も，主に東海岸での使用に偏っている．アフリカで珍しい音声特徴として知られている舌打ち音は，シエラレオネのメンデ語やカラハリ砂漠のコイサン語のものであるなどの紹介がなされ

ている．

"Do you have to be a masochist to study Chinese?"では，音の高さの違いで異なった単語を示す音調言語が紹介されている．この音声特徴は，英語母語話者にも日本語母語話者にも馴染みのないものであり，ハンガリー語，アラビア語，インドネシア語，ベトナム語，タイ語やアフリカのヨルバ語やナイジェリア語などが，その例としてあげられる．

1.5.2 言語の知覚

心理言語学における音声・音韻獲得の章としては，少し話題が社会音声学寄りになってきたかもしれない．ここで本章の本題に戻し，言語の音声知覚についての話を進める．

言語知覚について，かなりの数のモデルが関連分野から提案されている．まず，おおざっぱに2つの流れを考えると，言語知覚を促す特質を言語自体に求める生成文法の考え方と，人間の認知能力を探究し特に音声言語知覚を促す特質を探る心理学の考え方に分けることができる．前者は言語が内包する特質を抽象度の異なる段階と，それらの関係で論ずる，あくまでも言語を対象とした研究である．後者は言語を知覚し，記憶する人間の知性を，認知科学，神経科学，音声科学の種々の分野から学際的に研究する方法をとっている．

音声の知覚においては，ごく自然な状況で，多くの場合，途切れなく流れる音を，対社会や対人間において意味を持った表現としてとらえる段階がある．ここでは，音声を何らかの単位に分割し，そして分類しているはずである．この単位を文節や音節，音素，素性と呼び，これらのどの単位が知覚に大きな働きかけを行なっているかを調べることとなる．

言語の音声を抽象的にとらえ，素性や音素が諸語においてどのような分類で使われているのかという点から，また，母語を獲得する段階で，あらゆる音声を耳にしているのではないのにもかかわらず，多くの音声に適応できるように成長することから，これらの単位の仕組みを探究するのが言語学の役割である．これに対し，物理的には，はっきりとした区別を示さない言語の特質を，知覚において意味のある単位として区別できる能力は人間特有の能力であり，この点について深く追求するのが心理学である．

言語知覚の研究は，意味や統語を含む，あらゆる特質と知覚の関連から議論できるものである．そのうち，特に音声上の特質との関連が最も中心的な項目であるとして，音声特徴を細部に分類し，知覚と音声特徴との関係を探る手法をとる研究者も多い．

　音声知覚の研究は，音声特徴との関連に加え，人間が持つ知覚能力の種々の特徴を考慮に入れる方法がとられている．視覚や嗅覚，味覚，触覚という感覚のひとつとして聴覚があり，これらに共通する感覚を主題とする方法から，聴覚の特徴を主題とする方法，そして特に音声知覚の持つ特異な性質を探究する方法，さらには，単独の音素や音節に加え，語や句や，さらに大きな単位の表現の聴解を探究することが究極の目的であるとする手法に分けることができる．

　言語実験結果をもとに広く受け入れられている考え方は，聞き手にとって馴染みのある事柄が，その連想を促す文脈で使われており，かつ使用頻度の高い単語で表現されている場合には，単語の認識が高くなるというものである．親密度と文脈，使用頻度は，聴解の難易度を決める重要な3要因であるといえよう．ここで，気をつけなければならないのは，使用頻度に関しては，印刷されて出回っている頻度や，辞書，語彙集で，数字を用いて示されている頻度ではなく，聞き手が目にしたり，聞いたり，さらには，実際に使っている頻度との関係が重要である．頻度表で示された数値の大小がすべての人に当てはまるわけではない．

1.5.3　音声と視覚情報の共存

　音声知覚を促す要因が種々ある中で，特に視覚情報の役割については多くの提案が示されている．音声と音韻の獲得段階で，これらの情報のみを耳を通して受け，神経に記憶定着させているという状況は少ない．むしろ，話しかけてくる父母を含む周りの人々からの視覚情報も大切な役割をしている．音声のみの情報と視覚と音声の統合情報では，後者の方が記憶の定着がよいという実験結果が得られている．

　音声知覚時の視覚情報提示の効果については，どのような音声について，どのような情報が役立つかが論点となる．たとえば，両唇音，/p/ と /b/ の有声無声の区別や /p/，/b/，/m/ の子音の区別は，発音時の口元を視覚情報として与えても意味がない．口元の視覚情報は調音方法については，あまり多くは語ってい

1.5 音声・音韻の発展

ないのである．これに対して /p/，/t/，/k/ の3音を口元の情報から聞き取ることは可能であろう．それぞれの調音位置の情報は，話している人の口元からも読み取れるのである．このことをよく表す現象として，マガーク効果をあげることができる．聴覚を通して入る /k/ の音と，視覚を通して入る /p/ の口元から，実際に聞き取る音が /t/ となるのである．調音位置について /k/ と /p/ が結合し，その真ん中の /t/ の音が聞こえたと錯覚するのである．

聴覚情報と視覚情報の関わりが深いことは，音声という物理的な空気圧の違いから作られる波の性質を持つ物質と，文字という物理的な光の反射の違いから作られる波の性質を持つ物質と，どちらも波であることから考えると理解できる事柄である．日常生活では，音声と文字は別物として語られ，扱われることが多いかもしれないが，言語知覚研究では，物理的にも認知的にも，同一とまではいわないが，共通事項を多く持つ事柄なのである．

表音文字と表意文字のうち，特に表音文字は，歴史のはじめに，まず話し言葉が存在し，その音声を文字で表すために人類が発明したものである．このことから，音声と文字に共通点が多いことは，特に驚くことではないだろう．たとえば，/p/ と /b/ の音素と "p" と "b" の文字が対応していること，/pɪt/ と /bɪt/ の音節と "pit" と "bit" の音節が対応していることは，特に音声と文字もしくは綴りの乖離がないものを例えとしてあげてはいるが，明確な対応を示すものである．

単音を知覚することと文字を認識することには，共通の性質が含まれている．たとえば，/p/ と /b/ の2つの音素を区別できることと "p" と "b" の2つの文字を区別できることは，これらの音や文字の区別を含む言語を獲得もしくは習得した人にとっては，その過程や仕組みを意識し，また説明することは難しいかもしれない．これらの区別を獲得できない，もしくは習得できない，さらには習得する前である人にとっては，なぜできる場合とできない場合があるのか，もっといえば，なぜできる人とできない人がいるのかに大切な課題がひそんでいるのである．

意味のある単位の区別を認識できることは，音声にも文字にも共通の能力である．そして，これらの単位がどのように線上に並び，より大きな単位の区別がどのように認識できるのかが言語知覚，言語認識，言語獲得，言語習得に共通の要因である．より大きな単位は，語，句，文，段落，文章，物語をあげることがで

き，音声知覚から文聴解，リスニング，スピーキングという能力の仕組みの解明を多くの研究者が行なっているのである．

1.5.4 音声・音韻獲得と習得の研究課題

言語獲得と習得に関して，まず母語の獲得の仕組みを研究し，その結果を踏まえて，外国語習得の問題点を議論するのがよいという考え方が大勢を占めていたときがあった．しかし，時代がそのような方向を歩み続けることはなかった．母語獲得の研究と同時に外国語習得の研究も盛んに行なわれてきた．そして，これは正しい方向性であったといえよう．

母語と外国語は同じ言語であっても，受け入れ側の人間の成長過程や，各言語が持つ特質は異なっている．また，言語の持つ音，意味，統語，語用，伝達力の概念を個々の言語を通して学んでいるのであり，個々の言語そのもののみを獲得しているのではない．このことから，母語獲得研究の結果わかったことは，外国語習得研究に応用できることに加え，後者が前者を補うことも多々あるという事実は驚きをもって歓迎され，そして深く受け入れられてきた．

音声は，言語特徴やその獲得と習得の中でも，特に，はっきりと目にみえる形で，つまり，よく聞こえる形で，母語の特徴が外国語習得に反映されている項目である．心理言語学の音声研究の主な課題は，母語特徴と外国語習得の仕組みの違いを探究することに集約できる．

Q より深く勉強したい人のために

- Clark, John, Yallop Colin and Fletcher Janet (2007) *An Introduction to Phonetics and Phonology: Third Edition*, Oxford: Blackwell Publishing.

  専門的細分化への著者の主張やこだわりに直接触れることで音声・音韻への強い興味が湧き，理解が一気に深まることも多い．

- Crystal, David (2010) *The Cambridge Encyclopedia of Language*, Cambridge: Cambridge University Press.

  音声・音韻の獲得については，言語関連の百科事典や言語学入門書の該当節に重点的に当たることで概要が得られる．概観と専門的知識の両方を得ることのできる良書である．

- Gaskell, Gareth (2008) *Oxford Handbook of Psycholinguistics*, Oxford: Oxford University

Press.
音声・音韻の習得について，基礎と応用を併せた説明が幅広くなされており，初級者から上級者まですべての読者層を対象としている．
・Kent, Ray and Read Charles（2002）*The Acoustic Analysis of Speech*, New York: Singular Thomson Learning.
音声・音韻処理の過程を詳しく知るために，ぜひ，身につけていただきたい音響音声分析がよくわかる必読文献のひとつである．
・Reetz, Henning and Jongman Allard（2009）*Phonetics: Transcription, Production, Acoustics, and Perception*, West Sussex: Wiley-Blackwell.
音声・音韻研究を言語学と心理学の立場から，調音，音響，知覚の各分野を横断し論じている基本文献のひとつである．

文　献

Ashby, Michael and John Maidment（2005）*Introducing Phonetic Science*, Cambridge: Cambridge University Press.
Austin, K. Peter（2008）*One Thousand Languages*, Los Angeles: University of California Press.
Berent, Iris（2013）*The Phonological Mind*, Cambridge: Cambridge University Press.
Clark, John, Yallop Colin and Fletcher Janet（2007）*An Introduction to Phonetics and Phonology: Third Edition*, Oxford: Blackwell Publishing.
Crystal, David（2010）*The Cambridge Encyclopedia of Language, Third Edition*, Cambrdige: Cambridge University Press.
Deutsh, Diana, Trevor Henthorn and Mark Dolson（2004）"Absolute Pitch, Speech, and Tone Language: Some Experiments and a Proposed Framework," *Music Perception* **21**: 339-356.
Drager, Katie（2011）"Speaker Age and Vowel Perception," *Language and Speech* **54**(1): 99-121.
Eckman, Fred（2012）"Second Language Phonology," in S.M.Gass and A.Mackey（eds.）*The Routledge Handbook of Second Language Acquisition*, New York: Routledge.
Gass, Susan and Mackey Alison（2002）*The Routledge Handbook of Second Language Acquisition*, New York: Routledge.
The International Phonetic Association（1999）*Handbook of the International Phonetic Association*, Cambridge: Cambridge University Press.
Kent, Ray and Read Charles（2002）*Acoustic Analysis of Speech*, New York: Singular Thomson Learning.
Lenneberg, Eric（1967）*Biological Foundations of Language*, New York: Wiley & Sons.
Nespor, Marina（1990）"On the Rhythm Parameter in Phonology," in Iggy Roca（ed.）*Logical Issues in Language Acquisition*, Dordrecht: Foris, 155-175.
Reetz, Henning and Jongman Allard（2009）*Phonetics: Transcription, Production, Acoustics, and*

Perception, West Sussex: Wiley-Blackwell.

Rickerson, E.M. and Hiton Barry (2012) *The 5-Minute Linguist*, Sheffield: Equinox.

Rivera-Gaxiola, Maritza, Silva-Pereyra Juan and Kuhl Patricia (2005) "Brain Potentials to Native and Non-native Speech Contrasts in 7- and 11-month-old American Infants," *Developmental Science* **8**(2): 162-172.

Schliter, Julia (2015) *Rhythmic Grammar*, Berlin: Mouton de Gruyter.

Shih, Stephanie, Jason Grafmiller, Richard Futrell and Joan Bresnan (2015) "*Rhythm's Role in Genitive Construction and Choice in Spoken English.*" in Ralf Vogel and Ruben van de Vijer (eds.) Rhythm in Cognition and Grammar, Berlin: Mouton de Gruyter, 207-233.

Teschner, Richard and Stanley Whitley (2004) *Pronouncing English*, Washington, D.C.: Georgetown University Press.

Tomita, Kaoru (2016) "Visualization for Learning Foreign Speech," *Bulletin of Yamagata University (Humanities)* **18**(3): 1-14.

第2章 単語・語彙の獲得

中田 達也

2.1 語彙を習得するとはどういうことか？

本章では，第1言語（以下，L1）および第2言語（以下，L2）における語彙習得のプロセスや，語彙習得に影響を与える要因について検討する．まず，「語彙を習得する」とはどういうことか，考えてみよう．語彙知識にはさまざまな側面があるが，(a) サイズ（size），(b) 深さ（depth），(c) 流暢さ（fluency）の3つに分けて考えることが多い．サイズとは，「どのくらいの数の単語を知っているか？」という量的な側面であり，広さ（breadth）とも呼ばれる．深さとは，個々の単語についてどのくらい豊かな知識を持っているかという質的な側面を指す．流暢さとは，必要な語彙知識に瞬時にアクセスするスピードのことである．

語彙知識の深さには，具体的にはどのような知識が含まれるのだろうか？ ネイション（Nation, I. S. P.）によれば，語彙知識には少なくとも表2.1のような9つの側面がある（Nation 2013）．これらの側面は，形態・意味・使用の3つに大別される．また，いずれの側面も，産出知識（productive knowledge）と受容知

表 2.1 語彙知識の構成要素 （Nation 2013）

1	形態	発音	その単語の発音は何か？
2		スペリング	その単語のスペリングは何か？
3		接辞・語根 （word parts）	その単語にはどのような接辞・語根が含まれるか？
4	意味	語形と意味のマッピング	その単語の語形と意味とを結びつけることができるか？
5		概念と指示物	その単語の意味は何か？
6		連想	その単語を聞いて，連想するものは何か？
7	使用	文法的機能	その単語の文法的機能は何か？
8		コロケーション	その単語とともに用いられることが多い語は何か？
9		使用に関する制限	その単語を使用するうえで，どのような制限があるか？

識（receptive knowledge）から構成される．産出知識は，スピーキングやライティングの際に使用される知識を指す．一方で，リスニングやリーディングの際に使用される知識は，受容知識と呼ばれる．たとえば，nation という単語を例にとると，この単語を実際に発音できるのが発音の産出知識であり，/néɪʃən/ という発音を聞いて，nation のことであると認識できるのが受容知識である．

サイズ・深さ・流暢さ以外にも，語彙知識の側面があると考える研究者もいる．たとえば，ミーラ（Meara P.）は，構成（organization）が語彙知識の重要な側面であると述べている（Meara 1996）．構成とは，学習者のメンタル・レキシコン（mental lexicon；心的辞書）の中で，語彙がどのようなネットワークを構成しているかということを指す．類義語（例：large と big）・反意語（例：large と small）・上位語（例：cat に対して animal）・下位語（例：animal に対して cat）・コロケーション（例：large amount）同士がメンタル・レキシコン中で結びつき，豊かなネットワークが構築されているほど，語彙知識が豊富であると考えられる．

また，語彙力を顕在知識（explicit knowledge）と潜在知識（implicit/tacit knowledge）とに分ける考え方もある（e.g. Elgort and Warren 2014）．顕在知識とは，L2 に関する意識的で宣言的な（declarative）知識を指す．たとえば，英単語を日本語に翻訳するテストは，顕在語彙知識を測定している．一方で，潜在知識とは，L2 に関する無意識的で手続き的な（procedural）知識のことである．潜在語彙知識は，L2 語彙の形態的・意味的表象に学習者が無意識的・自動的にアクセスする能力を指し，流暢な言語使用を可能にする．「英単語の和訳を思い出すことはできるが，実際のコミュニケーションでは英単語が使えない」という問題は，顕在知識を持っているものの，潜在語彙知識が十分に発達していないために起こると考えられる．

2.2　語彙知識の測定

語彙知識の多様な側面を測定するために，さまざまなテストが開発されている．最も広く用いられているテストは，Vocabulary Levels Test や Vocabulary Size Test（いずれも http://www.victoria.ac.nz/lals/about/staff/paul-nation で公開されている）と呼ばれる，語彙サイズを測定するためのテストである．これらのテストで

は，L2 単語とその意味（定義や L1 訳）を結びつけることが求められる．たとえば，以下の例では maintain の和訳である「a. 維持する」が正解となる（図 2.1）．

> 太字の単語の意味として最も適切なものを選んでください．
> maintain：Can they **maintain** it?
>
> a. 維持する　b. 拡大する　c. 改良する　d. 入手する

図 2.1　Vocabulary Size Test の具体例
(http://www.victoria.ac.nz/lals/about/staff/publications/paul-nation/Vocab_Size_Test_Japanese.pdf より)

構成（ネットワーク）の知識を測定するうえでは，ある単語（刺激語）を提示し，それから連想する語を記述させることが一般的である．産出された語連想は，音連想（phonological または clang association），統語的連想（syntagmatic association），系列的連想（paradigmatic association）の 3 種類に分類されることがある．音連想とは，刺激語と発音が似た単語（例：book に対して look）を産出することである．統語的連想とは，ネイションの枠組みにおけるコロケーション（例：large amount）のことである（Nation 2013）．系列的連想とは，類義語・反意語・上位語・下位語のことであり，ネイションの枠組みでは連想に相当する．L1 においては，子どもは統語的連想を多く産出し，成人になるにつれて系列的連想が増えることが知られている（Aitchison 2003）．これは paradigmatic / syntagmatic shift と呼ばれる現象である．

また，構成を測定するためのテストとして，Word Associates Test が使用されることもある（Read 2000）．Word Associates Test では，ある刺激語が提示され，その類義語（系列的連想）とコロケーション（統語的連想）を選ぶことが求められる．たとえば，図 2.2 の例では beautiful の類義語である enjoyable と，共起語で

図 2.2　Word Associates Test の具体例（Read 2000）

ある face, music, weather が正解となる．

　流暢さを測定するためには，Q_Lex などのコンピュータ上のテストが知られている (http://www.lognostics.co.uk/tools/Q_Lex4/Q_Lex4.htm). Q_Lex では，まず"taemyselfrsapir"といった文字列が提示される．学習者はこの文字列に含まれている英単語（ここでは myself）を探し，ボタンを押す．その後，文字列に含まれていた英単語を 4 つの選択肢の中から選ぶ．Q_Lex はボタンを押すまでにかかった時間を記録しており，語彙知識の流暢さを測定していると考えられる．

　これまでに開発されたほとんどの語彙テストは，顕在語彙知識を測定しているが，潜在語彙知識を測定する試みもいくつか行なわれている．そのうちの 1 つが，語彙判断課題 (lexical decision task) によるプライミング効果 (priming effect) の測定である (Elgort and Warren 2014). プライミングとは，ある刺激を提示されたことにより，後続の刺激の処理が影響を受ける現象のことである．語彙判断課題では，まずプライム語が非常に短い間（例：50 ミリセカンド）提示される．その後ターゲット語が提示され，学習者はそのターゲット語が実在する語であるかどうかなるべく早く判断することが求められる．このとき，プライム語とターゲット語に形態的・意味的関連があると，語彙判断課題の反応速度が速くなることが知られている．たとえば，プライム語として bread が提示され，その後ターゲット語である doctor が提示されたとする．この場合，bread と doctor には形態的・意味的関連がないため，doctor への反応速度が速くなることはない．一方で，プライム語として nurse が提示され，その後ターゲット語である doctor が提示されたとする．この場合，nurse と doctor には意味的関連があるため，doctor への反応速度は通常よりも速くなる．これはプライム語である nurse が知覚されたことで，nurse と意味的関連がある doctor がメンタル・レキシコン中で活性化されたためであると考えられる．

　プライム語は知覚できないくらい短い時間しか提示されないため，プライミン

表 2.2　プライミング課題の例

プライム語	ターゲット語	プライミング効果
bread	doctor	なし
nurse	doctor	あり（促進）

グ効果がみられたということは，被験者がプライム語に関する知識に無意識的・自動的にアクセスした証左であると考えられる．すなわち，語彙判断課題を用いることで，被験者がある語に関する潜在語彙知識を持っているかどうかを推定できると考えられる．

2.3 語彙習得のプロセス

　語彙習得においては，①語形（スペリングや発音）を知ること，②意味を知ること，③語形と意味を結びつけること（マッピング）の3点が最も重要なプロセスであると考えられている（Barcroft 2015）．たとえば，oxygenという英単語を習得することを考えてみよう．oxygenのスペリングや発音を知ることは，①語形の習得にあたる．次に，「酸素」という意味を知ることが，②意味の習得に当たる．最後に，oxygenという英単語を「酸素」という意味と結び付けることが，③のマッピングに相当する．

　L1語彙習得においては，語彙とともに新しい概念を学ぶことが一般的である．たとえば，英語母語話者の子どもがoxygenという語を学ぶ際には，「空気中に多く存在し，植物や動物が吸入する無色の気体」という概念も同時に学ぶ必要がある．一方，成人のL2語彙習得においては，未知語を学ぶたびに新しい概念を覚える必要はなく，すでに知っている意味と結びつけることが一般的である．たとえば，日本人英語学習者がoxygenという語を学ぶ際には，「酸素」というL1訳とマッピングすればよく，新たな概念を学ぶ必要はない．

　もちろん，L2とL1の対応語で意味が完全に一致することはまれであるため，L1訳では正確な意味範疇を伝えることができない場合も多い．たとえば，makeという英単語を「作る」という和訳と結びつけた学習者がいたとする．この学習者は，やがてmake sense, make contact, make sacrificeなど，「作る」というL1訳に対応しないmakeの用例に出会うであろう．したがって，makeのさまざまな用例に触れるにつれ，makeに関して当初持っていた意味知識を修正する必要がある．これは，意味的発達（semantic development）と呼ばれるプロセスである．それでは，L2における意味的発達は，どのようなプロセスで行なわれるのであろうか？

L2における意味的発達のプロセスを説明するために提案されたモデルに，心理言語学的語彙習得モデル（psycholinguistic model of vocabulary acquisition）がある（Jiang 2000）．このモデルでは，成人学習者がL2語彙を習得していく過程を，① lexical association ステージ，② L1 lemma mediation ステージ，③ full integration ステージという3段階に分けている．1番目の lexical association ステージとは，語形を学習することでメンタル・レキシコンに語彙項目を作成し，その語形をL1の対応語と結びつける段階である．たとえば，pay という英単語を「払う」という和訳と結びつけるのがこの段階である．この時点では pay のレマ（lemma）情報は空であり，pay を使用する際には「払う」のレマ情報が活性化される．ここでいうレマ情報とは，語の意味や文法的機能に関する情報のことである．2番目の L1 lemma mediation ステージでは，L1対応語のレマ情報がL2の語彙項目にコピーされ，それらを媒介に語が理解・使用される．たとえば，日本人学習者が「払う」に関して持っているレマ情報が"pay"のレマ情報にコピーされ，それらをもとに pay という語を使用するようになる．3番目の full integration ステージでは，L2の語彙素とL1対応語との結びつきが弱まり，母語話者と同じレマ情報を持つようになる．たとえば，「pay＝払う」という仮説が修正され，母語話者が"pay"に対して持っているのと同じ知識を持つようになる．

表 2.3 心理言語学的語彙習得モデルによる L2 意味的発達のプロセス（Jiang 2000）

ステージ	説明
lexical association	語形を学習することでメンタル・レキシコンに語彙項目を作成し，その語形をL1対応語と結びつける
L1 lemma mediation	L1対応語のレマ情報がL2の語彙項目にコピーされ，それらを媒介に語が理解・使用される
full integration	L2の語彙素とL1対応語との結びつきが弱まり，母語話者と同じレマ情報を持つ

ここで注意すべきは，L2単語とL1訳との間には意味的相違があることが多いということである．したがって，lexical association ステージとL1 lemma mediation ステージの段階では，L1転移（transfer）の影響による誤用がみられる．たとえば，「犠牲を払う」というつもりで pay sacrifice（正しくは make sacrifice）といってしまったり，pay a visit（訪問する）など，「払う」と訳せない pay の用法の理解に困難を感じたりする．

ジャン（Jiang, N.）は，成人学習者の場合，多くの単語がL1 lemma mediationの段階にとどまっており，full integrationステージに進む単語は数少ないと指摘する（Jiang 2004）．その理由の1つとして，意味的発達が起こるためにはL2単語とL1訳との間にミスマッチがあるということが示される必要があるが，そのような機会が学習者に提供されることはまれであるからと述べている．たとえば，payと「払う」には確かに意味の違いがあるものの，pay money（お金を払う），pay attention（注意を払う），pay respect（敬意を払う）など，「払う」と訳すことができるpayの用法が大半である．これらの用例に接するたびに，payと「払う」の結びつきが強化され，両者の違いに気がつくことが困難になる．「文脈の中で繰り返し接すれば，L1訳に依存しない正確な意味がわかるようになる」といわれることがあるが，多くの用例に触れることで，L2語とL1訳との結びつきが逆に強化されてしまう可能性があるのである．

　full integrationステージに進む単語が数少ないもう1つの理由は，L2単語とL1訳とのミスマッチから誤用をしたとしても，それが誤用であることに必ずしも気づくことができないからである（Jiang 2004）．コミュニケーションを阻害するくらい重大な誤りであれば，対話者（interlocutor）から指摘され，誤りに気がつくかもしれない．しかし，それ以外の軽微な誤用は無視されることが多い．したがって，L1から転移されたレマ情報が修正されず，full integrationステージに進むことなく化石化（fossilization）してしまうのである．

　それでは，L2の意味知識を発達させるためには，どのようにしたらよいのであろうか？　1つの方法として，L2単語の意味がL1訳とどのように違うのか，明示的な説明を受けることが考えられる（Jiang 2004）．たとえば，borrowとrentはともに「借りる」という和訳で表されるため，日本人学習者はそれぞれの語の正確な意味を理解していない場合がある．このような場合，borrowは「無料で借りる」ことであり，rentとは「有料で借りる」ことであるという明示的な説明を受けることで，borrow/rentに対してより正確な意味理解が進むことが期待できる．

　心理言語学的語彙習得モデルにも示されているとおり，成人L2学習者の意味知識発達において，L1知識は大きな役割を果たすと考えられる．しかし，学習者はL1知識を常にL2に転移するわけではない．L1転移の有無に影響を与える要因の1つに，L1プロトタイプ（prototype）の影響がある．わかりやすく言えば，学

習者が典型的であると感じている L1 表現ほど，L2 へ転移されやすい（e.g. Kellerman 1979）ということである．たとえば，「お金を借りる」，「アイデアを借りる」という表現は，それぞれ borrow money, borrow an idea という英語表現で表すことができる．しかし，日本人英語学習者にこれらの表現の容認性を尋ねると，borrow money が正しいと答える学習者は多いのに対して，borrow an idea が正しいと答える学習者は少ないことがある．これは，日本語の「借りる」にはさまざまな用法があるが，「お金を借りる」の「借りる」は典型的な用法であるのに対して，「アイデアを借りる」の「借りる」は非典型的な用法であると学習者が感じているためであると考えられる．このように，L1 転移が起こるかどうかにはさまざまな要因が影響しているため，L1 に対応表現があるからといって常に転移が起こるわけではないということに注意すべきである．

2.4　偶発的学習と意図的学習

　語彙学習活動は，偶発的学習（incidental learning）と意図的学習（intentional learning）とに分類することができる（Nation 2013）．偶発的学習とは，付随的学習とも呼ばれ，学習する意図がないにもかかわらず，自然に語彙が学習されることを指す．たとえば，多読や会話を通して語彙が習得されることは，偶発的学習に分類される．一方で，意図的学習とは，学習者が明確な意図をもって語彙を学習することを指す．たとえば，単語リストやエクササイズを通して語彙を学習することは，意図的学習に分類される．

　L1 語彙習得では，ほとんどの語は文脈から偶発的に習得されると考えられている．その根拠は，以下のようなものである．「母語話者は非常に多くの語彙を知っているが，これだけ多くの語を意図的学習で習得することは現実的ではない．したがって，母語話者はほとんどの語を偶発的に習得しているに違いない」．このような議論は，デフォルト仮説（default hypothesis）と呼ばれる（Laufer 2005）．

　L2 語彙習得においては，偶発的学習が果たす役割は相対的に低いと考えられている．ラウファー（Laufer, B）は，それには以下のような理由があると指摘する（Laufer 2005）．第 1 に，語彙を偶発的に習得するためには，文脈中の未知語に気づく必要があるが，L2 学習者の多くは，文脈中の未知語に注意を払わない．第 2

に，語彙を偶発的に習得するためには，文脈から語の意味を正しく推測する必要があるが，L2学習者の多くは正しく意味推測ができない．第3に，仮に意味を正しく推測できたとしても，それが語彙習得につながるとは限らない．第4に，語彙を偶発的に習得するためには，未知語に文脈の中で複数回遭遇する必要があるが，実際に複数回接することはまれである．以上のような理由から，L2語彙習得においては，偶発的学習だけでなく，意図的学習も大きな役割を果たすと考えられている（Laufer 2005, Nation 2013, Nation and Webb 2011）．中でも，文脈から偶発的に語彙を習得することが困難な熟達度の低い学習者においては，意図的学習が特に重要であると考えられる．

2.5 語彙習得に影響を与える要因

次に，語彙習得に影響を与える要因には，どのようなものがあるかを考えてみよう．これまでの研究では，少なくとも以下のような要因が語彙習得に影響を与えると考えられている．

2.5.1 処理水準（処理の深さ）

語彙の記憶に影響を与える要因の1つとして広く知られているのが，処理水準（levels of processing）あるいは処理の深さ（depth of processing）である（Craik and Lockhart 1972）．この説によると，どのくらい深い水準の処理をしたかによって，記憶保持が決定するという．たとえば，被験者がある単語を提示され，①その単語が大文字と小文字のどちらで書かれているか（形態的処理），②その単語がある単語と韻を踏むか（音韻的処理），③その単語をある文脈で使用することができるか（意味的処理）という3つの処理を求められたとする（表2.4を参照）．こ

表2.4 処理水準説の具体例（Craik and Tulving 1975: 272 をもとに作成）

	具体例	処理水準
形態的処理	"TABLE" は大文字で書かれていますか？	↑浅い処理
音韻的処理	"Weight" は "crate" と韻を踏みますか？	
意味的処理	"He met a ___ in the street" という文で，"friend" という語を使うことができますか？	↓深い処理

の場合，③の意味的処理が最も高く，①の形態的処理が最も低い保持率に結びつくことが示されている（Craik and Tulving 1975）．処理水準説によれば，これは形態的処理が浅い処理しか促さないのに対して，意味的処理はより深い水準での処理を促進するからである．

処理水準説は心理学の分野で提唱された説であるが，説得力があり，直感的にもわかりやすいため，応用言語学者にも広く知られるところとなった．しかしながら，何をもって「浅い処理」・「深い処理」とするのかが曖昧であるという批判もある．また，処理水準説は，もともとは L1 の既知語に関する研究に基づいて提案されたものである（すなわち，実験で使用された table, weight, friend などの語を，被験者はすでに知っていた）．2.3 節で述べたとおり，未知語の習得には①語形の習得，②意味の習得，③語形と意味のマッピングという少なくとも 3 つのプロセスがある（Barcroft 2015）．しかしながら，既知語を記憶する際には，この 3 つのプロセスはいずれも無関係である．このように，既知語の記憶と未知語の習得はまったく異なるプロセスであるため，処理水準説を未知語の習得に無批判に応用することは避けるべきであろう．

2.5.2 転移適切性処理

処理水準説に対するもう 1 つの批判は，語彙の記憶保持を必ずしも予測できるわけではないということである．たとえば，モリス（Morris, C. D.）ほかは，音韻的処理と意味的処理が L1 における既知語の記憶保持に与える影響を調査した（Morris et al. 1977）．音韻的処理条件では，ある語が別の語と韻を踏むかどうかを判断することが求められた（例："Eagle" は "legal" と韻を踏みますか？）．一方，意味的処理条件では，ある語の意味的特徴に関して判断をすることが求められた（例："Eagle" には羽がありますか？ 表 2.5）．実験の 1 日後，学習者は①通

表 2.5 転移適切性処理の具体例（Morris et al. 1977: 522 をもとに改変）

	具体例	処理水準	再認テスト得点	
			通常	韻
音韻的処理	"Eagle" は "legal" と韻を踏みますか？	↑浅い処理	低	高
意味的処理	"Eagle" には羽がありますか？	↓深い処理	高	低

2.5 語彙習得に影響を与える要因

常の再認テストと②韻の再認テストという2種類の事後テストを受けた．通常の再認テストでは，被験者にある単語が提示され，その単語が前日の実験で提示されたかどうかを答えることが求められた．韻の再認テストでは，被験者にある単語が提示され，その単語が前日の実験で提示された単語と韻を踏むかどうかが尋ねられた．

通常の再認テストの結果，意味的処理の方が音韻的処理よりも高い保持に結びついた．これは，意味的処理が深い処理を促進し，記憶保持に結びつくという処理水準説を支持するものである．しかしながら，韻の再認テストでは，音韻的処理の方が意味的処理よりも高い保持に結びつき，処理水準説の予測とは反対の結果が得られた．この結果に基づき，転移適切性処理説（Transfer Appropriate Processing Theory）が提唱された（Morris et al. 1977）．この説によると，学習とテストの際の課題の一致度が高ければ高いほど，記憶保持が高くなる．表2.5に示した実験において，韻の再認テストでは音韻的処理条件の得点が高かったのは，音韻的処理条件で求められた認知的処理と，韻の再認テストで求められた認知的処理が類似していたためであると考えられる．すなわち，転移適切性処理説によれば，「どのような処理が語彙記憶を促進するのか？」という問いの答えは，「どのように語彙の記憶をテストするのか」によって変わるということである．

2.5.3 TOPRA モデル

転移適切性処理説を語彙学習に応用したものが，The Type of Processing-Resource Allocation（TOPRA）モデルである（Barcroft 2002）（表2.6）．TOPRAモデルによると，学習者の認知資源には限りがあるため，学習時の処理負荷が高いとき，未知語の語形と意味とを同時に習得することは困難である．したがって，形態的処理（例：未知語の文字数を数える）は未知語の語形の学習を促進するが，

表 2.6 TOPRA モデルの具体例（Barcroft 2002 をもとに改変）

	具体例	語形の習得	意味の習得
形態的処理	"Ghost" の文字数を答えてください	促進する	阻害する
意味的処理	"Ghost" が好ましいものかどうか，0〜14 の数字で答えてください（0：まったく好ましくない，14：非常に好ましい）	阻害する	促進する

意味の学習を阻害する．逆に，意味的処理（例：未知語の好ましさ［pleasantness］を考える）は未知語の意味の学習を促進するが，語形の学習は阻害する．

　転移適切性処理と TOPRA モデルには共通点が多いが，違いもある．一番の違いは，転移適切性処理は「形態的処理は未知語の語形学習を促進する」と予測するのに対して，TOPRA モデルは「形態的処理は未知語の語形学習を促進するが，意味の学習を阻害する」と予測することである．すなわち，転移適切性処理がある処理の正の学習効果しか予測しないのに対して，TOPRA モデルは正と負の学習効果を予測するということである（Barcroft 2015）．もう 1 つの違いは，転移適切性処理は語彙習得に限ったものではないが，TOPRA モデルは語彙習得への応用を視野に提案されたものであるということである．

　1 つ注意すべきなのは，TOPRA モデルはあくまでも学習時の処理負荷が高いときに限って成り立つものであるということである．たとえば，TOPRA モデルに関するこれまでの研究では，いずれも 1 単語当たりの学習時間がきわめて短く制限されている（例：Barcroft 2002 では 12 秒）．したがって，限られた時間では未知語の語形と意味を同時に習得することができず，「語形を習得すると意味が習得できない」，「意味を習得すると語形が習得できない」というトレードオフの関係がみられたと考えられる．一方で，学習時間が無制限に与えられるなど，処理負荷が過剰に高くない場合は，語形と意味を両方習得できる可能性を TOPRA モデルは排除していない．

　TOPRA モデルから得られる教育的示唆は興味深いものである．たとえば，「未知語のスペリングを書く」といった活動は，一般的には語彙習得に効果的だと考えられている．しかし，TOPRA モデルによると，未知語のスペリングを書くことは語形の習得には効果的かもしれないが，語彙知識の他の側面（例：意味やマッピング）の習得は阻害する可能性がある．したがって，未知語の意味習得やマッピングがまだできていないうちに，完璧なスペリング知識を求めるのは望ましくないといえるだろう．また，2.1 節で述べたとおり，語彙知識には接辞・語根，連想，コロケーション，使用に関する制限など，さまざまな側面がある．しかし，一度に沢山の側面を指導すると，学習者に過剰な認知的負担がかかり，結局どの側面も習得されない可能性がある．語彙知識の中では，語形と意味のマッピングに関する知識が最も重要だと考えられているため，学習の初期段階においては，

語形と意味のマッピングができるようになることを最優先にすべきであろう．

2.5.4 学習スケジュール

新しい語彙を覚えたとしても，その記憶はやがて減衰し，忘却されてしまう．記憶をより強固にするためには，定期的に復習することが不可欠である．それでは，どのようなスケジュールで復習すべきなのだろうか？ 復習スケジュールは，集中学習（massed learning）と分散学習（spaced learning）とに大別することができる．集中学習とは，間隔をおかずにある学習項目を複数回繰り返すことである．一方で分散学習とは，間隔をおいてある学習項目を複数回繰り返すことである．たとえば，表2.7において，A, B, C, Dはそれぞれ学習項目を指す．1つ目の例では，学習項目Aが間隔をおかずに4回繰り返されている（AAAA）．したがって，これは集中学習の例である．一方で，2つ目の例では，学習項目Aが繰り返される間に，他の学習項目（B, C, D）が学習されている．すなわち，ある学習項目が間隔をおいて複数回繰り返されているため，これは分散学習の例である（研究者によっては，間隔をおかずに複数回繰り返すことを「純粋集中学習」（pure massing）と呼び，比較的短い間隔で復習を繰り返すことを「集中学習」と呼ぶ場合もある）．

表 2.7 集中学習と分散学習の具体例

集中学習	AAAABBBBCCCCDDDD…
分散学習	ABCDABCDABCDABCD…

注）A, B, C, Dはそれぞれ学習項目を示す．

これまでの研究から，分散学習の方が集中学習よりもより長期的な保持につながることが示されている．これは，分散効果（spacing effect）と呼ばれる現象である．分散学習が集中学習よりも効果的だとしたうえで，それではどのくらいの学習間隔を空ければよいのだろうか？ 記憶研究では，長い学習間隔の方が，短い学習間隔よりも長期的な記憶保持を促進することが示されている．これは，遅延効果（lag effect）と呼ばれる現象である．分散効果と遅延効果は，あわせてthe distributed practice effectと呼ばれ，L1およびL2の語彙学習においても広く見られる現象である（e.g. Karpicke and Bauernschmidt 2011, Kornell 2009, Nakata 2015a,

Nakata and Webb, in press).

　分散効果は保持間隔（retention interval）にかかわらずみられるものの，遅延効果は保持間隔の影響を受けることが示されている．ここでいう保持間隔とは，学習と事後テストの間隔のことである．たとえば，事後テストが学習の1週間後に行なわれた場合，保持間隔は1週間となる．これまでの研究から，保持間隔が短い場合は短い学習間隔が効果的であるのに対して，保持間隔が長い場合は長い学習間隔が効果的であることが示されている（e.g. Bird 2010）．これは，分散保持間隔交互作用（spacing-by-retention interval interaction）と呼ばれる現象である．さらに，最適な学習間隔は，保持間隔の10～30％程度であることも示されている（e.g. Bird 2010）．たとえば，ある単語を10日後に覚えていたいとしよう．この場合は，10日の10～30％に相当する1～3日間の間隔で復習を繰り返すのが，記憶保持に最も効果的と考えられる．

　また，学習間隔に関しては，拡張分散学習（expanded rehearsal または expanding spacing）と均等分散学習（equal spacing）の効果を比較した研究も行なわれている．拡張分散学習とは，「1週間後→2週間後→3週間後」など，学習が進むにつれて，学習間隔が徐々に長くなるスケジュールのことである．一方で，均等分散学習とは，「2週間後→2週間後→2週間後」のように，ある学習項目を常に一定の間隔で繰り返すスケジュールのことである．一般的に，拡張分散学習が最も効果的な復習スケジュールであると信じられている．たとえば，市販の単語学習ソフトでも，拡張分散学習を売り文句にしているものが数多くみられる．しかしながら，語彙習得研究では，拡張分散学習の有効性は必ずしも支持されていない（Karpicke and Bauernschmidt 2011, Nakata 2015a）．また，いくつかの研究では，学習間隔の長さの方が，分散学習の種類（拡張または分散）よりも重要であることが示されている（Karpicke and Bauernschmidt 2011, Nakata 2015a）．すなわち，語彙の長期保持に影響を与えるのは学習間隔の長さであり，長い学習間隔さえあれば，拡張型であろうと均等型であろうと大差はないということである．

　また，学習スケジュールに関しては，全体学習（whole learning）と部分学習（part learning）の効果を比較した研究も行なわれている．全体学習とは，学習したい内容を1つの大きなブロックで繰り返す学習スケジュールを指す．一方で，部分学習とは，学習内容をいくつかの小さなブロックに分けて繰り返すスケジュ

ールのことである.たとえば,20 の英単語を学習するとした場合,20 語を 1 つの大きなセットで繰り返し学習するのは全体学習に当たり,20 語をいくつかの小さなセット(たとえば,5 語ずつの 4 セット)に分けて繰り返すのは部分学習となる.部分学習では一度に学習する単語の量が減り,負荷が軽くなるため(たとえば,全体学習では一度に 20 語を学ぶが,部分学習では一度に学ぶのは 5 語のみ),部分学習の方が全体学習よりも効果的であろうという主張が多くみられる.外国語学習に限らず,楽器の演奏や詩の暗唱でも,部分学習は一般的に用いられている学習テクニックであろう.たとえば,ピアノである曲を弾けるようになりたいとする.いきなり曲全体を弾こうとする(全体学習)前に,曲をいくつかのパートに分け,そのパートごとに練習する(部分学習)方が一般的であろう.

しかしながら,これまでの研究では,部分学習よりも全体学習の方がより効果的である,という結果が得られている(e.g. Kornell 2009).これは,全体学習の方が部分学習よりも学習間隔が長くなるためであると考えられる.たとえば,20語を 1 つの大きなセットで繰り返す(全体学習)場合,ある項目を学習し,再び

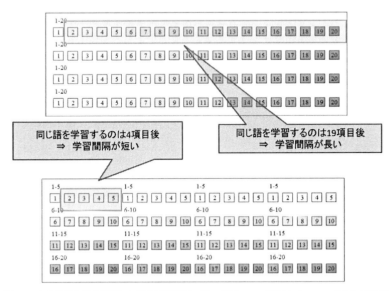

図 2.3 全体学習と部分学習における学習間隔の違い(Nakata and Webb, in press をもとに作成)
上は 20 語を 1 つの大きなセットで繰り返した場合(全体学習).下は 20 語を 5 語ずつのセットに分けて学習した場合(部分学習).

その項目が学習される前に 19 項目分の学習間隔がある．一方で，20 語を 5 語ずつのセットで学習する場合，ある語を再び学習するのは 4 項目後である（図 2.3）．

部分学習よりも全体学習の方がより効果的であるという研究結果は，長い学習間隔がより長期的な保持を促進するという遅延効果により説明することができよう．その証拠として，学習間隔を統制したうえで，全体学習と部分学習の効果を比較した研究（Nakata and Webb, in press）では，以下のような結果が得られている．(a) 学習間隔が統制されていれば，全体学習と部分学習の効果に差はみられない．(b) 学習間隔が統制されていなければ（すなわち，全体学習の方が部分学習よりも学習間隔が長ければ），全体学習の方が部分学習よりも効果的である．(c) 学習間隔が長い部分学習の方が，学習間隔が短い部分学習よりも効果的である．これらの結果は，語彙習得に影響を与えるのは学習間隔であり，全体学習・部分学習という区別は本質的な要因ではないということを示唆している．

2.5.5　検　索

語彙学習に大きな影響を与えるもう 1 つの要因が，検索（retrieval）の有無である．ここでいう検索とは，貯蔵された記憶を取り出すことを指す．たとえば，「queen はどういう意味ですか？」と尋ねられ，「女王」という記憶を頭の中から取り出すことは，検索の一例である．これまでの研究では，検索が語彙習得に大きな影響を与えることが示されている（e.g. Karpicke and Roediger 2008, Nakata in press a）．

たとえば，カーピキ（Karpicke, J. D.）とローディガー（Roediger, H. L.）は，「学習」と「検索」が L2 語彙学習に与える影響を調査した（Karpicke and Roediger 2008）．ここでいう学習とは，「queen＝女王」のように，L2 語とその意味が与えられ，それを覚えようとすることである．一方で，ここでいう検索とは，「queen の意味は何ですか？」などと質問され，L2 語の意味を記憶から取り出す（＝検索する）ことが求められることを指す．なお，カーピキとローディガー（2008）の研究では，検索の後に正解（フィードバック）は提示されなかった．したがって，L2 語の意味が思い出せなかった場合，正解を確認する機会が与えられていなかったという点で，検索の方が学習よりも不利であったと考えられる．

学習と検索の具体例

学習：queen＝女王

検索：queen の意味は何ですか？

処遇の1週間後に，L2 語を L1 に訳す事後テストを行なったところ，以下の結果が得られた．(a) 検索の回数を増やさないかぎり，学習回数を約2回から4回に増やしても，1週間後の保持率は有意に増えない（33 ⇒ 36%）．(b) 学習回数を増やさずに，検索の回数を約2回から4回に増やすと，1週間後の保持率は有意に増える（33 ⇒ 81%）．(c) 検索の回数が4回であれば，学習回数が約2回であろうと4回であろうと，保持率に有意な差はない（ともに 81%）．すなわち，カーピキとローディガー（2008）の研究結果は，語彙の長期記憶に影響を与えるのは，学習回数ではなく，検索回数であることを示しているのである．

それでは，検索が語彙習得を促進するとして，どのような形式で検索練習を行なうのがよいのであろうか？ 検索練習は，受容検索（receptive retrieval）と産出検索（productive retrieval）という2種類に分けることができる．受容検索とは L2 語から意味を想起することを指し，産出検索とは意味から L2 語を想起することを指す．これまでの研究から，受容検索は受容知識の習得を促進し，産出検索は産出知識の習得を促進することが示されている（Nation 2013）．これは，転移適切性処理（2.5.2 項）によって説明することができよう．すなわち，学習と事後テストの形式が一致する場合（例：受容形式で学習し，受容知識をテストされる）の方が，形式が一致しない場合（例：受容形式で学習し，産出知識をテストされる）よりもより高い保持に結びつくということである．したがって，転移適切性処理によれば，受容知識と産出知識をバランスよく習得するには，受容検索・産出検索を両方行なうことが望ましいということになる．一方で，もし何らかの理由でどちらか一方しか用いることができない場合（時間的余裕が十分ない場合など）は，受容検索ではなく産出検索のみを行なう方が好ましいと考えられている．これは，産出検索は比較的大きな受容知識につながるのに対して，受容検索はわずかな産出知識にしかつながらないためである（e.g. Webb 2009）．

検索練習は，受容検索と産出検索という区分に加えて，再生（recall）または再認（recognition）という2種類に分けることもできる．再生形式では解答を産出することが求められるのに対して，再認形式では正しい解答を選ぶことが求めら

れる．たとえば，「queen の和訳を入力してください」，「女王の英訳を入力してください」という記述式課題は，再生形式の例である．一方で，「queen の和訳を以下の選択肢から選んでください」，「女王の英訳を以下の選択肢から選んでください」という多肢選択式の課題は，再認形式の例である．また，「意味がわかる英単語に○をつけてください」などのチェック・リスト式の課題や，「以下の文章で英単語が正しく使われていたら○をつけてください」等の正誤判断課題も，再認形式に分類される．受容・産出という区分と，再生・再認という区分とを合わせると，検索練習は表 2.8 のような 4 種類に分類することができる．

表 2.8　検索練習の 4 分類

	具体例
受容再生	queen の和訳を入力してください
受容再認	queen の和訳を以下の選択肢から選んでください (a) 王　(b) 王子　(c) 女王　(d) 王女
産出再生	「女王」の英訳を入力してください
産出再認	「女王」の英訳を以下の選択肢から選んでください (a) king　(b) prince　(c) queen　(d) princess

一般的に，再生の方が再認よりも記憶保持を促進するであろうと考えられている．これは，再生の方が再認よりも認知的負荷が高く，このことが記憶保持を促進すると考えられるからである（Nation and Webb 2011）．しかしながら，再認と再生のどちらが語彙習得により効果的であるかについては，これまでの研究結果は一貫していない（e.g. Nakata, in press b）．

2.5.6　フィードバック

語彙習得に影響を与えるもう 1 つの要因が，フィードバック（feedback）の有無である．たとえば，「女王は英語で何と言いますか？」と尋ねられ，その正解（queen）が学習者に提示された場合，フィードバックがある．一方で，正解が学習者に提示されない場合，フィードバックはない．フィードバックが与えられなくても学習効果は見られるが（Karpicke and Roediger 2008），フィードバックがあることで，より大きな学習効果が得られる．

なお，フィードバックはそのタイミングに応じて，即時フィードバック（immediate feedback) と遅延フィードバック (delayed feedback) とに分けることができる (Quinn and Nakata, in press). たとえば, テストの直後に提供されるフィードバックは即時フィードバックであり, テストの1週間後に提供されるものは遅延フィードバックに分類される. 研究者の中には, 即時フィードバックよりも遅延フィードバックの方が語彙習得を促進すると主張する者もいる. なぜなら, 遅延フィードバックの方がテストとフィードバックの間に長い学習間隔があり, 遅延効果 (2.5.4 項を参照) によれば, 学習間隔が長い方が長期的な記憶保持を促進するからである. 遅延フィードバックの方が即時フィードバックよりも記憶保持を促進する現象を, 遅延保持効果 (delay-retention effect) と呼ぶ. L1 語彙習得では遅延保持効果を支持する結果が得られているものの, L2 語彙習得研究においてはいまのところ即時フィードバックと遅延フィードバックの効果に有意な差はみられていない (Nakata 2015b).

2.5.7　意味の与え方

未知語の意味は L2 と L1, どちらで与えるべきであろうか？　これまでの研究では, L2 を用いて意味を与えるよりも, L1 で与えた方がより記憶保持を促進することが示唆されている (e.g. Laufer and Shmueli 1997). しかし, L1 訳と L2 語の意味には何らかのずれがあることが多いため, L1 訳では必ずしも正確な意味を伝えることはできないことに注意すべきである. なお, L1 における語彙習得を扱った研究では, L1 による定義でも不正確な語彙使用に結びつくことが示されている. たとえば, stimulate と erode の意味がそれぞれ "stir up," "eat out" であると学習した英語母語話者が, "Mrs. Morrow *stimulated the soup" (p. 89), "My family *erodes a lot" (p. 90) といった誤用をしてしまうことがある (Miller and Gildea 1987). 不適切な言語使用につながってしまうのは, L1 訳に固有の問題ではないということである.

また, コア・ミーニング (core meaning) を提示することで, 多義語の意味習得が促進されることが示されている (e.g. Verspoor and Lowie 2003). コア・ミーニングとは, 文脈に依存しない単語の中心的な意味のことである. たとえば, neutral には「①中立の, ②はっきりしない, ③中性の, ④あいまいな」など, さまざまな意味があるが, 「どちらでもない」というコア・ミーニングを提示するこ

とで，多義の習得が促進されると考えられている．具体名詞に関しては，L1 訳や語義に加えて，イラスト・写真などの視覚情報を合わせて用いることで記憶保持が促進される可能性も示されている（e.g. Carpenter and Olson 2012）．これは，二重符号化理論（dual coding model, Paivio and Desrochers 1980）によって説明がなされている．二重符号化理論によれば，L1 訳や語義などの言語情報と，イラスト・写真などの視覚情報は異なるシステムに貯蔵される．L1 訳や語義に加えてイラストや写真を用いることで，2 つのシステムで符号化が行なわれるため，記憶保持が促進されると考えられている．

2.5.8　語彙の創造的使用

語彙の創造的使用（creative use．生成的使用 generative use とも呼ぶ）とは，ある単語に新しい文脈で遭遇したり，以前とは異なる意味・コロケーション・活用形・品詞・構文でその単語を使用することを指す（e.g. Nation 2013）．創造的使用には，2 つの利点がある．1 つは，創造的使用により語彙の記憶保持が促進されることである．2 つ目の利点は，創造的使用により，その単語に関するより深い知識の習得が可能になるということである．たとえば，ある学習者が a round face という用例で，round という語にはじめて接したとする．この学習者は，round は「丸い」という意味の形容詞用法しかないと考えるかもしれない．この学習者が, a round number（端数のない数）, a round dozen（ちょうど 1 ダース）, a round of applause（ひとしきりの拍手），a round of drinks（全員へいきわたる分の飲み物），a round table（円卓，円卓会議）などの用例に接することで，round という語に関するより深い知識を身につけることができる．

創造的使用は，さらに受容的創造（receptive generation）と産出的創造（productive generation）とに分類される．受容的創造とは，ある単語に新しい文脈で遭遇することである．たとえば，a round face というコロケーションしか知らなかった学習者が，round eyes という用例に遭遇した場合，これは受容的創造に分類される．産出的創造とは，ある単語を新しい文脈で使用することである．たとえば，a round face というコロケーションでしか round を使用したことがなかった学習者が，round eyes というコロケーションで round を使用することは，産出的創造の一例である．受容的創造よりも，産出的創造の方が語彙習得を促進すると考え

2.5 語彙習得に影響を与える要因

表 2.9 創造的使用の具体例

	創造の度合い	具体例
受容的創造	低い	a round face という表現しか知らなかった学習者が，round eyes という表現に遭遇する
	高い	a round face という表現しか知らなかった学習者が，a round of drinks という表現に遭遇する
産出的創造	低い	a round face という表現でしか round を使用したことがなかった学習者が，round eyes という表現を使用する
	高い	a round face という表現でしか round を使用したことがなかった学習者が，a round of drinks という表現を使用する

られている（Nation and Webb 2011）．

受容的・産出的創造という区分に加えて，創造的使用の度合いも語彙習得に影響すると考えられている（Nation and Webb 2011）．創造的使用の度合いとは，以前に遭遇・使用した文脈と，新しい文脈とがどの程度異なっているかを指す．たとえば，a round face というコロケーションしか知らなかった学習者が，round eyes という用例に遭遇したとする．Round の共起語が face ではなく eyes であるため，これは創造的使用の一例である．しかし，いずれの用例でも round が「丸い」という意味の形容詞として使用されているため，創造的使用の度合いはそれほど高くない．一方で，a round face というコロケーションで round にはじめて出会った学習者が，a round of drinks（全員へいきわたる分の飲み物）という用例に遭遇したとする．1つ目の用例では round が「丸い」という意味の形容詞として用いられているのに対して，2つ目の用例では round が「全員へいきわたる分」という意味の名詞として用いられている．当初の用例とは異なる意味・品詞で round が用いられているため，創造的使用の度合いは高いと考えられる．創造的使用の度合いが高い方が，語彙習得を促進すると考えられている（Nation and Webb 2011）．

2.5.9 記憶術

記憶術（mnemonics）の使用も語彙習得に影響を与える．記憶術の代表的なものは，キーワード法（keyword method）である．キーワード法を行なううえでは，

表 2.10　記憶術の例（具体例はいずれも中田・水本 2015 より）

	具体例
接辞・語根	income は in「中に」+ come「入る」ので「収入」
借用語	ジェネレーション・ギャップ（generation gap）は世代間の断絶なので，「generation＝世代」
フレーズ	traffic congestion は「交通渋滞」のことなので，「congestion＝密集，渋滞」
例文	"Boys be ambitious!" から，「ambitious＝野心を持った」

まず学習対象の L2 語に似た L1 のフレーズ（これをキーワードと呼ぶ）を考える．その後，その L2 語とキーワードを結びつける文章やイメージを考える（Nation 2013）．たとえば，convince という英単語を学ぶ際には，convince に似た発音の「このビンの酢」というキーワードを使うことができよう．その後，「このビンの酢飲むと，体にいいよ，と納得させる」（中田・水本 2015）など，convince と「このビンの酢」を結びつける文章やイメージを考える．キーワード法の利点は，仮に convince の意味を忘れてしまったとしても，「このビンの酢」というキーワードを覚えていれば，キーワードを手がかりに意味を想起できる可能性があるということである．これまでの研究から，キーワード法は語彙習得を促進する可能性が示されている（e.g. Hulstijn 1997）．キーワード法は有用である一方で，いくつか限界もある．1 つめの限界は，L2 単語から意味を想起するきっかけにはなっても，意味から L2 単語を思い出すことは必ずしも支援しないということである．たとえば，「このビンの酢」というキーワードは英語の convince とは必ずしも発音が一致しないため，キーワード法では正確なスペリングや発音が習得できない可能性がある．

もう 1 つの限界は，あらゆる単語でキーワード法が活用できるわけではないということである．キーワード法を使用するためには，学習したい L2 語に似た L1 のキーワードを考える必要があるが，有効なキーワードを考えるのが困難な単語も少なくないであろう．特に，日本語と英語のような音声体系に違いが大きい言語間では，キーワード法で学習できる単語数は限られているかもしれない．キーワード法が活用できない単語に関しては，接辞・語根，借用語，フレーズ，例文などを使用した記憶術を使用するのがよいと考えられる（表 2.10 を参照）．

2.5.10 干渉

新出語を導入する際に，意味的に関連した単語（類義語・同義語・反意語など）を同時に提示することは一般的に行なわれていると考えられる．たとえば，increase（増加，増加する）という語を導入する際には，反意語の decrease（減少，減少する）を同時に提示することがあるかもしれない．しかしながら，意味的に関連した単語を同時に導入すると，それぞれが干渉（interference）を引き起こすため，語彙習得が阻害される可能性がある（Nation 2000）．たとえば，increase と decrease が同時に導入されると，どちらが「増加」でどちらが「減少」を意味するか，混同してしまうということである．したがって，類義語や反意語など，意味的に関連した未知語を同時に導入することは避けるべきである．しかし，これはあくまでも導入される語に未知語が多く含まれる場合である．提示される語の多くが既知語である場合は，意味的に関連した単語を同時に提示することは，メンタル・レキシコンにおける語彙ネットワーク形成を促進するため，有益であると考えられている．

2.5.11 かかわり度

偶発的学習の学習成果を決定する要因として，「かかわり度」(involvement load) という構成概念が提案されている（Laufer and Hulstijn 2001）．かかわり度とは，①必要度（need），②探索度（search），③評価度（evaluation）という3つの下位要素から構成される概念である．1つ目の必要度とは，タスクを遂行するために対象語が必要となるかどうかを指す．目標語がタスク遂行に必要なら中程度の必要度があり，学習者が自ら選んでその語を使う場合は強い必要度がある．たとえば，appreciate という語を使って作文をすることが教師から求められたとする．この場合，appreciate という語を使うことがタスク遂行に必要なため，appreciate に関する必要度は中である．また，学習者が自ら選んで appreciate という語を使って作文をした場合，強い必要度がある．一方で，appreciate という語を使わなくても作文が完成できる場合，この語に対する必要度はない．

　2つ目の探索度とは，学習者が単語の意味や語形を探す必要があるかどうかを指す．学習者が単語の意味を探す必要がある場合は，中程度の探索度があり，意味に対応する語形を探す必要がある場合は，強い探索度がある．たとえば，テキ

スト中に appreciate という未知語が登場し，その単語の意味が語注で与えられている場合は，探索度はない．一方で，テキスト中に appreciate という未知語が登場し，その意味が与えられていない場合は，意味を辞書で調べたり教師に聞いたりする必要があるため，中程度の探索度がある．また，「感謝する」という語を英語に訳すことが求められた場合は，意味に対応する語形を探す必要があるため，強い探索度がある．

最後の評価度とは，ある単語やその意味が適切かどうかを判断する必要性の有無を指す．文脈が与えられている場合は中程度の評価度があり，文脈を作り出すときは強い評価度がある．たとえば，テキスト中に appreciate という未知語が登場し，その単語の意味が語注で与えられている場合は，その意味が適切であるかどうかを学習者が決定する必要はないため，評価度はない．一方で，テキスト中に appreciate という未知語が登場し，その意味を学習者が辞書で調べるとする．この場合，appreciate のいくつかの意味（「感謝する」，「鑑賞する」，「理解する」など）から，どの意味が適切であるかを学習者が判断する必要があるため，中程度の評価度がある．さらに，「感謝する」というテーマで作文をすることが教師から求められたとする．この場合，「感謝する」に対応する英語表現を辞書で探し，複数の候補（appreciate, thank, be grateful）から適切な単語を学習者が選択し，選択した語を使用して新たな文脈を作成する必要があるため，強い評価度がある（表2.11）．

かかわり度仮説によれば，かかわり度の合計が多い語彙項目ほど，偶発的に習得される可能性が高い．たとえば，「対象語の意味が語注で与えられたテキストを読む」（読解タスク）と「対象語を使用して作文をする」（作文タスク）という2つのタスクを考えてみよう．なお，作文タスクでは，対象語の意味は与えられているものとする．読解タスクでは，文章理解のために対象語の意味を理解することが必要になるため，中程度の必要度がある．しかし，語注で意味が与えられているため，対象語の意味や語形を探す必要がなく，探索度がない．さらに，語注で与えられた意味が文脈において適切であるかどうかを判断する必要もないため，評価度もない．すなわち，「必要度＋，探索度－，評価－」となるため，かかわり度の合計は1である．

一方で，作文タスクでは，与えられた対象語を使って作文をすることが必要に

2.5 語彙習得に影響を与える要因

表 2.11　かかわり度仮説

	－ (なし)	＋ (中程度)	＋＋ (強い)
必要度	タスク遂行に対象語が不要 例：appreciate を使わなくても作文が完成できる	タスク遂行に対象語が必要 例：appreciate を使って作文することが求められる	学習者が自ら選んで対象語を使う 例：学習者が自ら appreciate を使って作文をする
探索度	対象語の意味や語形を探す必要がない 例：appreciate の意味が語注で与えられている	対象語の意味を探す必要がある 例：appreciate の意味を辞書で調べる	意味に対応する語形を探す必要がある 例：「感謝する」を英訳することが求められる
評価度	対象語やその意味が適切かどうかを判断する必要がない 例：appreciate の意味が語注で与えられている	対象語やその意味が適切かどうかを与えられた文脈の中で判断する必要がある 例：appreciate のいくつかの意味から，どの意味が適切であるかを判断する	対象語やその意味が適切かどうかを判断し，文脈を作り出す必要がある 例：「感謝する」に対応する適切な単語を複数の候補から選択し，新たな文を作成する

なるため，中程度の必要度がある．一方，対象語とその意味が与えられているため，意味や語形を探す必要がなく，探索度はない．しかし，対象語の選択が適切かどうかを判断し，文脈を作り出す必要があるため，強い評価度がある．すなわち，「必要度＋，探索度－，評価＋＋」となるため，かかわり度の合計は3である．作文タスクの方が読解タスクよりもより高いかかわり度を誘発するため，かかわり度仮説によれば，作文タスクの方が高い記憶保持に結びつくと予想される．

ここで注意すべきなのは，かかわり度という概念はあくまでも偶発的語彙学習を説明するために提唱されたものであり，意図的語彙学習に適用することはできないということである．かかわり度仮説を用いて意図的語彙学習の有効性を予想しようとする研究者もいるが，これはかかわり度仮説の当初の目的から逸脱するものであり，適切とはいえない．

2.5.12　Technique Feature Analysis

語彙習得に影響を与える要因を体系化しようとしたもう1つの試みとして，Technique Feature Analysis (Nakata and Webb 2016, Nation and Webb 2011) があげられる．Technique Feature Analysis は，表2.12に示した18項目から構成される．学習活動がある項目を満たすたびに1点が与えられ，その合計点が高い学習

表 2.12 Technique Feature Analysis（Nation and Webb 2011: 7 をもとに作成）

	基準	説明
	動機づけ	
1	語彙学習のゴール	明確な語彙学習のゴールがあるか？
2	学習の動機づけ	学習者の動機づけに有効か？
3	学習者自身の単語選択	学習者自身が選択した単語が使用されているか？
	気づき	
4	学習対象語への気づき	学習対象語への気づきを促進するか？
5	新しい語彙学習への意識	学習対象語の新しい特徴への気づきを促進するか？
6	交渉	交渉の機会を提供するか？
	検索	
7	検索	検索の機会を提供するか？
8	産出検索	産出検索の機会を提供するか？
9	再生	再生の機会を提供するか？
10	複数の検索機会	学習対象語のそれぞれにつき複数の検索機会を提供するか？
11	検索の間隔	複数の検索機会の間に間隔が空いているか？
	創造的使用	
12	創造	創造的使用を促進するか？
13	産出的創造	産出的な創造的使用を促進するか？
14	創造の度合い	創造の度合いは大きいか？
	保持	
15	語形と意味の正しい結びつき	語形と意味の正しい結びつきを保証するか？
16	実例化	実例化を促進するか？
17	イメージング	イメージングを促進するか？
18	干渉の回避	語彙同士の干渉を回避するか？

活動ほど，語彙習得に有効であると考えられている．たとえば，ネイション（Nation, I. S. P.）とウェブ（Webb, S.）は Technique Feature Analysis に基づき，12 の語彙学習活動を分析している（Nation and Webb 2011）．彼らの分析によると，単語カード学習は 18 点中 11 点であるのに対して，作文は 8 点であった．この結果から，単語カード学習の方が作文よりもより語彙習得に有効であると考えられる．

　基準 1〜3 は動機づけに関するものである．基準 1 は語彙学習に関連した明確なゴールがあるかどうかを指す．たとえば，ある単語に関する穴埋め問題を解く場合，適切な学習対象語を記入するという行為は，語彙学習に関連したものである．よって，穴埋め問題は基準 1 を満たす．一方，ある単語が含まれた英文を読む場

2.5 語彙習得に影響を与える要因

合は，英文を理解するという目的はあるものの，それは語彙学習に関連したものではない．よって，この活動は基準 1 を満たさない．基準 2 は学習者の動機づけに有効であるかどうかを指す．クロスワードやゲームなどの活動は動機づけに有効である一方で，作文や英文読解はあまり有効ではないと考えられる．基準 3 は，かかわり度仮説（2.5.11 項を参照）の必要度に関するものである．すなわち，学習者が自ら選んである単語を使う場合は，この基準が満たされる．それ以外の場合（例：教師からある単語を使うことが求められる）は，この基準は満たされない．

　基準 4～6 は気づき（noticing）に関するものである．基準 4 は学習対象語への気づきを促進するかどうかである．たとえば，読解テキスト中の未知語に下線が引かれ，語注がついている場合は，気づきを促進すると考えられる．一方で，読解テキスト中の未知語に下線も語注もない場合は，気づきが促進されず，語彙習得を促進しないと考えられる．基準 5 は学習対象語の新しい特徴への気づきを促進するかどうかである．基準 6 は未知語に関する交渉（negotiation）の機会を提供するかどうかである．ここでいう交渉とは，「この単語の意味は何だろうか？」などと，学習者同士が未知語に関する話し合いを行なうことを指す．未知語を使用しないと目的が達成されないようなペアワークなどを課すことで，交渉の機会を提供することができると考えられる．

　基準 7～11 は，検索（2.5.5 項を参照）に関するものである．語に関する記憶を想起すること（検索）は語彙習得を促進するため，検索の機会を提供する活動には得点が与えられる（基準 7）．基準 8・基準 9 は，それぞれ受容・産出検索，再認・再生に関するものである．受容検索よりも産出検索の方が語彙習得を促進するため，基準 8 では産出検索に得点が与えられる．同様に，再認よりも再生の方が語彙習得を促進すると考えられるため，基準 9 では再生に得点が与えられる．基準 10 は検索頻度に関するものである．検索頻度が増えるほど語彙習得が促進されると考えられるため（e.g. Karpicke and Roediger 2008, Nakata, in press a），複数の検索機会を提供する活動には得点が与えられる．基準 11 は，分散効果（2.5.4 項を参照）に基づいている．すなわち，ある単語について複数回の検索練習を行なうのであれば，間隔をおかずに連続して行なう（集中学習）よりも，間隔を空けて検索を行なう（分散学習）方が記憶保持を促進するということである．

基準 12〜14 は，創造的使用（2.5.8 項を参照）に関するものである．受容的創造よりも，産出的創造の方が語彙習得を促進すると考えられているため，産出的創造の方がより高い得点が与えられる（基準 13）．また，創造の度合いが大きいほど語彙習得を促進すると考えられるため，創造の度合いが大きい活動には，さらに得点が与えられる（基準 14）．

基準 15〜18 は，語の記憶保持に影響する要因についてである．基準 15 は語形と意味の正しい結びつき（マッピング）を保証するかどうかである．たとえば，「『女王』は英語で何といいますか？」と尋ねられ，その正解（queen）がフィードバックとして学習者に提示されたとする．この場合，語形（queen）と意味（女王）を正しく結びつける機会が提供されているため，基準 15 が満たされる．一方で，正解が与えられない場合は，語形と意味を正しく結びつけられない可能性がある．よって，基準 15 は満たされない．

基準 16 は実例化（instantiation）に関するものである．実例化とは，単語が意味のある状況で使われており，単語の意味する物・動作・質などが視覚的に存在している状態を指す．たとえば，学習者がテレビの料理番組で squeeze the lemon（レモンを搾る）という表現に出会ったとする．この場合，squeeze という表現は意味のある状況で使われており，実際にレモンを搾っている視覚的な状況と結びついて記憶される．このような視覚的な状況は単語の想起を支援すると考えられるため，実例化を促進することが望ましい．

基準 17 はイメージング（imaging）に関するものである．イメージングとは，単語の意味に関する視覚的なイメージを意図的に見たり，想像したりすることである．たとえば，a Ferris wheel（観覧車）という表現を聞いた際に，実際の観覧車を頭の中で視覚的に想像することが，イメージングである．二重符号化理論（2.5.7 項を参照）により，イメージングは記憶保持を促進すると考えられる．基準 18 は，干渉（2.5.10 項を参照）に関するものである．

Technique Feature Analysis はかかわり度仮説よりも多くの項目を含んでおり，さらに偶発的学習に加えて意図的学習にも適用可能であるという点で，より包括的なフレームワークであるといえる．

Q より深く勉強したい人のために

・Nation, I. S. Paul (2013) *Learning Vocabulary in Another Language,* Second Edition, Cambridge, UK: Cambridge University Press.

　第2言語語彙習得に関する研究を行なううえでは，真っ先に読むべき専門書．数多くの先行研究・理論が紹介されている．専門的な内容であるが，比較的平易な英語で書かれているため，読みやすい．

・Schmitt, Norbert (2008) "Review Article: Instructed Second Language Vocabulary Learning," *Language Teaching Research* **12**: 329-363.

　第2言語語彙習得に関する研究の動向をまとめたレビュー論文．「第2言語語彙習得に関してさらに知識を深めたいが，専門書を読むのはまだ敷居が高い」という方に最適．

・Schmitt, Norbert (2010) *Researching Vocabulary: A Vocabulary Research Manual,* Basingstoke, UK: Palgrave Macmillan.

　第2言語語彙習得に関する研究を行なう際に気をつけるべき点や，有益なツールが紹介されている．語彙習得に関する実証研究を行なう際には，ぜひ参照したい．

文　献

中田達也・水本篤 (2015)『ワン単：ワンコと覚える英単語』学研教育出版．

Aitchison, Jean (2003) *Words in the Mind: An Introduction to the Mental Lexicon,* Third Edition, Malden, MA: Blackwell.

Barcroft, Joe (2002) "Semantic and Structural Elaboration in L2 Lexical Acquisition," *Language Learning* **52**: 323-363.

Barcroft, Joe (2015) *Lexical Input Processing and Vocabulary Learning,* Amsterdam, The Netherlands: John Benjamins.

Bird, Steve (2010) "Effects of Distributed Practice on the Acquisition of Second Language English Syntax," *Applied Psycholinguistics* **31**: 635-650.

Carpenter, Shana K. and Kellie M. Olson (2012) "Are Pictures Good for Learning New Vocabulary in a Foreign Language? Only If You Think They Are Not," *Journal of Experimental Psychology: Learning, Memory, and Cognition* **38**: 92-101.

Craik, Fergus I. M. and Robert S. Lockhart (1972) "Levels of Processing: A Framework for Memory Research," *Journal of Verbal Learning and Verbal Behavior* **11**: 671-684.

Craik, Fergus I. M. and Endel Tulving (1975) "Depth of Processing and the Retention of Words in Episodic Memory," *Journal of Experimental Psychology: General* **104**: 268.

Elgort, Irina and Paul Warren (2014) "L2 Vocabulary Learning from Reading: Explicit and Tacit Lexical Knowledge and the Role of Learner and Item Variables," *Language Learning* **64**: 365-414.

Hulstijn, Jan. H. (1997) "Mnemonic Methods in Foreign Language Vocabulary Learning: Theoretical Considerations and Pedagogical Implications," in James Coady and Thomas Huckin (eds.) *Second Language Vocabulary Acquisition: A Rationale for Pedagogy*, Cambridge, UK: Cambridge University Press, 203-224.

Jiang, Nan (2000) "Lexical Representation and Development in a Second Language," *Applied Linguistics* **21**: 47-77.

Jiang, Nan (2004) "Semantic Transfer and Development in Adult L2 Vocabulary Acquisition," in Paul Bogaards and Batia Laufer (eds.) *Vocabulary in a Second Language: Selection, Acquisition, and Testing*, Amsterdam, The Netherlands: John Benjamins, 101-126.

Karpicke, Jeffrey D. and Althea Bauernschmidt (2011) "Spaced Retrieval: Absolute Spacing Enhances Learning Regardless of Relative Spacing," *Journal of Experimental Psychology: Learning, Memory, and Cognition* **37**: 1250-1257.

Karpicke, Jeffrey D. and Henry L. Roediger (2008) "The Critical Importance of Retrieval for Learning," *Science* **319**: 966-968.

Kellerman, Eric (1979) "Transfer and Non-Transfer: Where We Are Now?," *Studies in Second Language Acquisition* **2**: 37-57.

Kornell, Nate (2009) "Optimising Learning Using Flashcards: Spacing Is More Effective than Cramming," *Applied Cognitive Psychology* **23**: 1297-1317.

Laufer, Batia (2005) "Instructed Second Language Vocabulary Learning: The Fault in the 'Default Hypothesis'," in Alex Housen and Michel Pierrard (eds.) *Investigations in Instructed Second Language Acquisition*, Berlin, Germany: Mouton De Gruyter, 286-303.

Laufer, Batia and Jan H. Hulstijn (2001) "Incidental Vocabulary Acquisition in a Second Language: The Construct of Task-Induced Involvement," *Applied Linguistics* **22**: 1-26.

Laufer, Batia and Karen Shmueli (1997) "Memorizing New Words: Does Teaching Have Anything to Do with It?," *RELC Journal* **28**: 89-108.

Meara, Paul (1996) "The Dimensions of Lexical Competence," in Gillian Brown, Kirsten Malmkjaer and John Williams (eds.) *Performance and Competence in Second Language Acquisition*, Cambridge, UK: Cambridge University Press, 286-303.

Miller, George. A. and Patricia. M. Gildea (1987) "How Children Learn Words," *Scientific American* **257**: 94-99.

Morris, C. Donald, John D. Bransford and Jeffery J. Franks (1977) "Levels of Processing Versus Transfer Appropriate Processing," *Journal of Verbal Learning and Verbal Behavior* **16**: 519-533.

Nakata, Tatsuya (2015a) "Effects of Expanding and Equal Spacing on Second Language Vocabulary Learning: Does Gradually Increasing Spacing Increase Vocabulary Learning?," *Studies in Second Language Acquisition* **37**: 677-711.

Nakata, Tatsuya (2015b) "Effects of Feedback Timing on Second Language Vocabulary Learning: Does Delaying Feedback Increase Learning?," *Language Teaching Research* **19**: 416-434.

Nakata, Tatsuya (in press a) "Does Repeated Practice Make Perfect? The Effects of Within-Session

Repeated Retrieval on Second Language Vocabulary Learning," *Studies in Second Language Acquisition*.

Nakata, Tatsuya (in press b) "Effects of Retrieval Formats on Second Language Vocabulary Learning," *International Review of Applied Linguistics in Language Teaching*.

Nakata, Tatsuya and Stuart Webb (2016) "Evaluating the Effectiveness of Vocabulary Learning Activities Using Technique Feature Analysis," in Brian Tomlinson (ed.) *SLA Research and Materials Development for Language Learning*, Oxon, UK: Taylor & Francis, 123-138.

Nakata, Tatsuya and Stuart Webb (in press) "Does Studying Vocabulary in Smaller Sets Increase Learning? The Effects of Part and Whole Learning on Second Language Vocabulary Acquisition," *Studies in Second Language Acquisition*.

Nation, I. S. Paul (2000) "Learning Vocabulary in Lexical Sets: Dangers and Guidelines," *TESOL Journal* **9**(2): 6-10.

Nation, I. S. Paul (2013) *Learning Vocabulary in Another Language, Second Edition*, Cambridge, UK: Cambridge University Press.

Nation, I. S. Paul and Stuart Webb (2011) *Researching and Analyzing Vocabulary*, Boston, MA: Heinle Cengage Learning.

Paivio, Allan and Alain Desrochers (1980) "A Dual-Coding Approach to Bilingual Memory," *Canadian Journal of Psychology* **34**: 388-399.

Quinn, Paul and Tatsuya Nakata (in press) "The Timing of Oral Corrective Feedback," in Hossein Nassaji and Eva Kartchava (eds.) *Corrective Feedback in Second Language Teaching and Learning: Research, Theory, Applications, Implications*, Oxon, UK: Taylor & Francis.

Read, John (2000) *Assessing Vocabulary*, Cambridge, UK: Cambridge University Press.

Verspoor, Marjolijn and Wander Lowie (2003) "Making Sense of Polysemous Words," *Language Learning* **53**: 547-586.

Webb, Stuart (2009) "The Effects of Pre-Learning Vocabulary on Reading Comprehension and Writing," *Canadian Modern Language Review* **65**: 441-470.

第3章　文理解・統語の獲得

中西　弘

3.1　文を理解するとは

　次の英文はどのような意味であろうか．A mouse chased by a cat climbed a tree. もちろん，「猫に追いかけられたネズミが木に登った」というような意味になるが，このたった1文を理解するだけでも，私たちは少なくとも以下のような複雑な処理を行なっていることが想定される．まずは，視覚から入力された情報を知覚し（入力情報の知覚），知覚した情報から単語を割り出し，個々の単語の意味を理解する（語彙処理），そして，単語間の関係を計算した上で文構造を構築し（統語処理），その文構造に意味解釈を与え（意味処理），読み手の世界知識を利用して最も妥当な解釈を行なう（語用論的処理）（須田 2011）．さらに，複数文になると現在処理している文と前後の文との関係を検討する（談話処理）ことも必要になる．

　このように文理解には，入力情報の知覚・語彙処理・統語処理・意味処理・語用論的処理など，さまざまな処理段階が含まれるが，本章では，文理解に含まれる一連の処理の中でも，「統語処理」における心理プロセスに焦点を当てる．まず，英語母語話者は心の中にどのように統語構造を構築するのか，その際，各種情報（語彙・文脈・意味・プロソディなど）を，いつ，どのように利用しているのか概観する．そのうえで，日本人英語学習者における統語処理プロセスについて検討する．日本人英語学習者は，さまざまな処理段階の中でも特に統語処理が苦手であることが指摘されている．その分，文を理解する際には，各種情報を積極的に利用する（Clahsen and Felser 2006）ことが予想されるが，英語母語話者と比較して，あるいは英語習熟度により利用しやすい情報が異なるのかどうか検討する．最後に，日本人英語学習者にとって特に認知コストのかかる統語処理は，いかにすれば自動化するのか実証研究から得られたデータをもとに考察する．

3.2 統語処理の心的メカニズム

3.2.1 文解析器の選好性

　私たちが毎日難なく行なっている文の理解が，脳内でどのように行なわれているのか明らかにすることは困難なように思われる．しかし，構造的に曖昧な文を読む際に観察される，読み手の解釈の選好性，読み時間の増大，視線の動きは，人間に備わる文解析器（parser）の仕組みを間接的に明らかにしてくれる．どのような原則をもとに，文解析器は統語構築を行なうのか，実際に英語母語話者が構造的曖昧文や一時的構造曖昧文を読む際の行動指標（正解率・読み時間・眼の動き）を観察することで検討したい．ここでは，文解析器がしたがう代表的な原則「最少付加の原則」（Minimal Attachment Principle）「遅い閉鎖の原則」（Late Closure Principle）を紹介する．

　まずは，「最少付加の原則」について考えてみよう．この原則によると，文解析器は，なるべく単純な統語構造を構築しようとする性質があると仮定されている（Frazier and Foder 1978）．構造的曖昧文を例にとり，文解析器の選好性を観察する．

(1) A boy saw a man with a telescope.

　この文は，前置詞句が構造的にどの位置に付加されるかにより，2通りの解釈が成り立つ．1つ目の解釈は，「少年が望遠鏡で，男の人をみた」という，前置詞句が構造的に動詞句に付加される解釈，もう1つの解釈は，「少年が，望遠鏡を持っている男の人をみた」という，前置詞句が構造的に名詞句に付加される解釈である．図3.1は，2通りの解釈の背後にある統語構造を記述したものである．英語母語話者は，一般的に前者の動詞句付加の解釈を好むことが知られている（Ferreira and Clifton 1986, Frazier and Rayner 1982など）．なぜなら，(a)動詞句付加の解釈は，(b)名詞句付加の解釈よりも節点の数が少なく，構造的に単純なためである．

　文解析器が「最少付加の原則」にしたがって統語解析を行なうことが観察されるもう1つの事例を，一時的構造曖昧文を用いて紹介する．

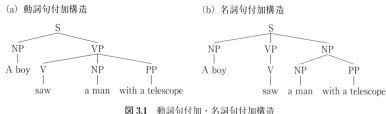

図 3.1　動詞句付加・名詞句付加構造

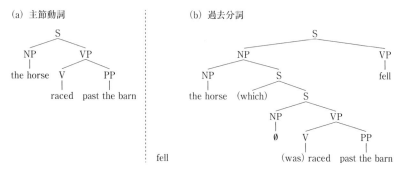

図 3.2　raced を主節動詞/過去分詞としてとらえた際の統語構造

(2) The horse raced past the barn fell.
（納屋の向こうに走らされた馬が転んだ）

先述の構造的曖昧文とは異なり，文全体として構造的な曖昧性はなく，許される構造は1つである．ただし，この文を読んだり聞いたりする際，raced が入力された地点で，それを主節の過去の動詞としてとらえるか which was が省略された埋め込み節の過去分詞としてとらえるか確定できず，部分的に複数の構造が想定される．

英語母語話者がこの文を読む際，fell が入力された地点で読み時間がかかり，戻り読み回数が多くなることが確認されている．これは，文解析器が「最少付加の原則」に基づき，raced を主節動詞ととらえ，(図 3.2a) のように統語構造を構築したが，本来の主節動詞 fell が入力されたために，(図 3.2b) のように raced を過去分詞と再解釈しなければならなくなったからである．なお, (2) 文における下線部 fell のように，その語句によって，一時的構造曖昧性が解消される領域を曖昧性解消領域（disambiguating region）と呼び，その領域で，読み時間が増大した

り，読み返しが起こることをガーデンパス現象（garden path phenomenon）と呼ぶ．

　それでは，構造的な複雑さが同等の場合，文解析器はどのような選好を示すのであろうか．文解析器が適用するもう 1 つの代表的な原則「遅い閉鎖の原則」を以下の一時的構造曖昧文を用いて考えてみよう．この文は，読み手が a mile を受け取った段階では，その要素が従属節の一部なのか，主節の始まりとなる要素なのか確定できない，構造的な曖昧性が局所的に生じる文である（Frazier and Rayner 1982）．

(3) Since Jay always jogs a mile this <u>seems</u> like a short distance to him.
(4) Since Jay always jogs a mile <u>seems</u> like a short distance to him.

英語母語話者を対象とした眼球運動測定実験によるデータでは，seems にかかる読み時間は，(4) 文の方が (3) 文よりも長く，戻り読み回数も多くなることが示された（Frazer and Rayner 1982）．つまり，英語母語話者は (4) 文において，a mile が入力された段階で従属節の一部としてとらえたが，seems 入力地点で a mile が後続する動詞の主語であることが判明したため，再分析をしなければならなくなったのである．このように，文解析器は新しく入力された要素を現在処理中の構造の一部として処理する「遅い閉鎖の原則」に基づき，構造を組み立てているのである．

　これまで概観したように，文解析器は，たとえ構造的に複数の解釈が考えられる局面に直面しても，処理を先送りして誤った解釈を避けるのではなく，漸進的（incremental）に，与えられた情報を「最少付加の原則」や「遅い閉鎖の原則」にしたがって統語構造を次々に構築する．なお，このような処理の漸進性は，日本語のような主要部後置言語においても報告されている（Kamide and Mitchell 1999 など）．その結果として，一時的構造曖昧文における曖昧性解消領域で解釈の見直しが要求され，読み時間の増大が観察される．このようにガーデンパス現象は，文解析器の選好性を目にみえる形で証明してくれる（井上 2000: 31）．

3.2.2　モジュラーモデル

　これまで，文解析器の統語選好性を概観してきたが，意味情報はどのように扱われるのであろうか．たとえば，(1) の例文を with a telescope ではなく with a gun

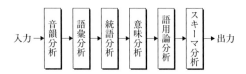

図 3.3 モジュラーモデルのイメージ（門田 2015 から転載）

に変更し，A boy saw a man with a gun. という文にすると，文解析器は「拳銃で男性をみる，というのはおかしい」という一般常識を利用して，統語構造が単純な動詞句付加ではなく名詞句付加の解釈を優先させるのであろうか．文解析器がこのような意味情報などの非統語的な手がかりをいつ参照するのかというテーマは，英語母語話者を対象とした文処理研究の焦点の 1 つとしてさまざまな研究が行なわれてきた．

　この節では，統語解析は，前節で概観したような構造的選好性にのみに基づいて進められるというモジュラーモデル（Modular Model）の概要をみてみよう．

　このモデルでは，人間の言語処理には複数個の自律的・独立的な処理部門（モジュール）が関わり，1 つの処理が終わるまで別の処理が始まらないものと仮定されている（図 3.3）．まず，文解析器は個々の語が持つ主要範疇情報（品詞情報）のみを利用して，「最少付加の原則」・「後の閉鎖の原則」といったルールに基づいた統語構築を行なう．その結果は，中心処理器（central processor）に送られ，ここではじめて意味情報など統語以外の情報処理が可能となる．このようにモジュラーモデルでは，文理解を系列的な処理様式として想定しているのである．

　フェレイラとクリフトン（Ferreira and Clifton 1986）は，モジュラーモデルが主張するように，意味情報は，初期統語解析に影響を与えないことを眼球運動測定実験により証明した．なお，実験文には以下のように主節名詞句における意味素性を操作した文が用いられた．

(5) 一時的構造曖昧文［有生―縮約関係節］
　　The defendant examined <u>by the lawyer</u> turned out to be unreliable.
(6) 一時的構造曖昧文［無生―縮約関係節］
　　The evidence examined <u>by the lawyer</u> turned out to be unreliable.
(7) 統制文　　　　　　　［有生―非縮約関係節］
　　The defendant that was examined <u>by the lawyer</u> turned out to be unreliable.

(8) 統制文　　　　　［無生—非縮約関係節］
　　The evidence that was examined by the lawyer turned out to be unreliable.

　モジュラーモデルの立場では，初期統語解析中に意味情報を参照することは想定されていないので，文解析器は，主節名詞句が有生であれ無生であれ，最も単純な構造になるように統語構築を進める．つまり，examined を that was が省略された埋め込み節の過去分詞としてではなく，主節動詞としてとらえる．そのため曖昧性解消領域（上例では by the lawyer）で再解析の必要が生じ，有生名詞文 (5)・無生名詞文 (6) ともに，統制文 (7)(8) に比べて読み時間が増大すると予想される．一方，もし意味情報が初期統語解析に影響を与えるならば，無生名詞 evidence は，動詞 examined の行為者とはなりにくく，文解析器は最初から examined を過去分詞としてとらえる．そのため，by the lawyer が入力されても，すでに構築した構造を変更することなく読み進めることができる．後者の考え方では，無生名詞文 (6) の読み時間が有生名詞文 (5) よりも短くなることが予想される．

　フェレイラとクリフトン (1986) は，曖昧性解消領域の第 1 次通過読解時間 (first pass reading time) を測定したところ，主節名詞句の有生・無生条件にかかわらず，一時的構造曖昧文において読み時間が増大し，ガーデンパス現象が生じることが示された．つまり，意味情報が利用できる状況においても，文解析器はそれらの情報に見向きもせず，もっぱら統語解析を行なった結果，曖昧性解消領域で袋小路に入り込んだのである．ここではじめて，意味情報などの非統語的な情報が再分析に利用されることになる．

3.2.3　制約依存モデル

　モジュラーモデルが発表された後，さまざまな文処理研究が行なわれる中で，文理解の第 1 段階では，統語処理が情報遮蔽的に行なわれるという主張への反証が提出されるようになった．モジュラーモデルを支持するフェレイラとクリフトン (1986) が実験に使用した文の主節名詞句に用いられた無生名詞には，主語—能動形過去動詞となりやすいものが多く含まれていること（例：The car towed..., The trash smelled...）が指摘されたのである（Trueswell et al. 1994）．つまり，主節名詞句が無生名詞であったとしても，有生名詞条件と同様に examined を主節動詞としてとらえる可能性があるとの批判が上がった．

そこで，トゥルースウェルほか（Trueswell et al. 1994）は，無生名詞（例 evidence）が，動詞（例 examine）の行為者として適合するかどうか，意味適合度を7段階で評定させたうえで，眼球運動測定実験を実施したところ，被行為者—受動形過去分詞の評定値が高い文であれば，曖昧性解消領域（上例では by the lawyer）における読み時間は増大せず，ガーデンパス現象が観察されないことを明らかにした．この結果は，意味情報が統語解析時にリアルタイムで曖昧性の解消に効果をもたらすことを示している．このように，初期のモジュラーモデルの根拠となった実験では，語句間の意味適合度の操作が適切に行なわれていないことが指摘されており（Spivey-Knowlton and Tanenhaus 1994），初期分析において統語情報のみが用いられていることについて疑問が上がるようになった（坂東 2016: 11）．

さらに，ガーンジィほか（Garnsey et al. 1989）による，事象関連電位（event related potential: ERPs）を用いた実験によっても，統語処理と意味処理が並行して行なわれていることが示された．彼らが用いた実験文は，以下のようなフィラー・ギャップ文（filler-gap sentence）である．たとえば(9)文では，他動詞 called が要求する目的語が動詞直後になく，動詞よりも先行する位置にある．そのため，この文を理解するためには，先行する目的語 customer をワーキングメモリ（working memory）内に保持し，他動詞 called 位置で統合することが求められる．なお(10)文も(9)文と同じ構文をとるため，文理解の際には，(9)文と同様の統語操作が要求されるが，article は called の目的語としては意味的にふさわしくない．

(9) ［意味適切文］
　　The businessman knew which customer the secretary called at home.
(10) ［意味不適切文］
　　*The businessman knew which article the secretary called at home.

ガーンジィほか（1988）は，英語母語話者に対して(9)(10)文のような英文を1語ずつコンピュータ上に呈示し，読解中の脳波を測定したところ，(10)文の動詞 called が入力された際に N400 と呼ばれる陰性電位が生じることを発見した．N400 とは，意味的に逸脱した言語刺激が呈示されてから 400 ミリ秒後に生じる陰性波のことである．つまり，この研究から，動詞 called が入力された地点で，目的語が意味的に妥当かどうかリアルタイムで計算されていることが示された．

図 3.4　制約依存モデルのイメージ（門田 2015 から転載）

　上記のように，初期の統語解析中に意味情報が統語構築に影響を及ぼすことが，行動指標（正解率・読み時間）や電気生理学的指標（ERPs）から支持されるようになった．このように各種情報（意味・文脈・プロソディなど）が，統語構築の初期段階から影響を及ぼすという立場を制約依存モデル（Constraint-based Model）という（図 3.4）．次節から，各種情報がどのように統語解析に作用するのか調査した研究を紹介する．

a. 語彙情報の影響

　まずは，文構成要素の中核となる動詞の語彙情報，中でも下位範疇化情報（sub-categorization information）が初期の統語構築にどのように影響するのか検討する．動詞下位範疇化情報とは，動詞が統語的範疇をいくつ要求するのかという，動詞に含まれる文構造に関わる語彙的情報である．たとえば，自動詞 sleep は，主語となる名詞だけを必要とするが，他動詞 eat は，主語と直接目的語の 2 つの名詞を要求する．このような語彙に含まれる文構造の知識を，英語母語話者は統語構築の際にリアルタイムで参照していることを示した研究を紹介する．

　ウィルソンとガーンジィ（Wilson and Garnsey 2009）は，英語母語話者の動詞下位範疇化情報に関する知識を調査するため，主語と動詞に後続する要素を記入させるという文完成課題（例 Debbie remembered＿＿＿）を実施したうえで，直接目的語バイアス動詞と従属節バイアス動詞に分類した．直接目的語バイアス動詞とは，動詞に後続する名詞が直接目的語となる頻度が高い動詞（例 confirm）で，従属節バイアス動詞とは，動詞に後続する名詞が従属節の主語となる頻度が高い動詞（例 admit）のことである．そのうえで，直接目的語バイアス動詞に直接目的語が後続した場合［(11a) 一致条件］と従属節が後続した場合［(11b) 不一致条件］，さらに従属節バイアス動詞に従属節が後続した場合［(12a) 一致条件］と直

接目的語が後続した場合［(12b) 不一致条件］における，曖昧性解消領域（下線部）に要する読み時間を比較した．

(11a) ［一致条件：直接目的語バイアス動詞—直接目的語］
The CIA director confirmed the rumor when he testified before Congress.
(11b) ［不一致条件：直接目的語バイアス動詞—従属節］
The CIA director confirmed the rumor could mean a security leak.
(12a) ［一致条件：従属節バイアス動詞—従属節］
The ticket agent admitted the mistake might not have been caught.
(12b) ［不一致条件：従属節バイアス動詞—直接目的語］
The ticket agent admitted the mistake because she had been caught.

その結果，動詞下位範疇化情報に関する選好性と実際の文構造が異なる不一致条件 (11b) (12b) では，曖昧性解消領域（下線部）での読み時間が増大する結果となった．このことから，英語母語話者は，動詞下位範疇化情報をリアルタイムで利用していることがわかる．

また，ガーンジィほか (Garnsey et al. 1997) は，動詞下位範疇化情報のほか，動詞に後続する名詞の意味情報もまた，初期の統語解析に影響を及ぼすことを眼球運動測定実験により明らかにした．彼らは，動詞に後続する名詞句が目的語としてどの程度意味的に適切か，事前に7件法の質問紙により調査し，意味的適切性が高い/低い条件を設定した．実験文の主節動詞には，直接目的語バイアス動詞，従属節バイアス動詞のほか，中立動詞を用い，主節動詞の後に従属節が続く以下のような実験文を使用した．

(13a) ［直接目的語バイアス動詞・意味的適切性高］
The talented photographer accepted (that) the money could not be spent yet.
(13b) ［直接目的語バイアス動詞・意味的適切性低］
The talented photographer accepted (that) the fire could not have been prevented.
(14a) ［中立動詞・意味的適切性高］
The sales clerk acknowledged (that) the error should have been detected earlier.
(14b) ［中立動詞・意味的適切性低］
The sales clerk acknowledged (that) the shirt should have been marked down.
(15a) ［従属節バイアス動詞・意味的適切性高］

3.2 統語処理の心的メカニズム

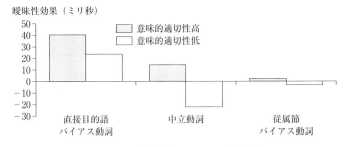

図 3.5 曖昧性解消領域における曖昧性効果

The ticket agent admitted (that) the mistake <u>had been</u> careless and stupid.
(15b) ［従属節バイアス動詞・意味的適切性低］
The ticket agent admitted (that) the airplane <u>had been</u> late taking off.

図 3.5 は，各条件における曖昧性解消領域（下線部）における読み時間を示している．曖昧性効果とは，縮約関係節文（一時的構造曖昧文）に要する読解時間から関係節文（統制文）に要する時間を差し引いたものであり，曖昧性効果が高いほど，曖昧性解消領域でガーデンパス現象が生じているといえる．特に，直接目的語バイアス動詞を用いた文で曖昧性効果が高い．これは，読み手が動詞下位範疇化情報を利用し，当初，動詞（例 accept）に後続する名詞句（例 the money）を直接目的語としてとらえたが，後に従属節の主語であることが判明したからである．また，後続する名詞句（例 the fire）が動詞（例 accept）の直接目的語として意味的にふさわしくない場合，曖昧性効果が減少した．つまり英語母語話者は，意味情報も統語解析時にリアルタイムで利用していることがわかる．この実験は，下位範疇化情報・意味情報ともに利用できる条件下で行なわれているが，直接目的語バイアス動詞の際，意味情報が利用できる条件下においても曖昧性効果が残ることから，動詞の下位範疇化情報のほうが，意味情報よりも統語構築をガイドするうえで影響力の強い情報であるといえる．

英語母語話者にとって意味情報の利用は限定的であるとの見方を支持する別の研究もある．ロバーツとフェルサー（Roberts and Felser 2011）では，動詞と後続する名詞句の直接目的語としての意味的適切性を操作し，以下のような一時的構造曖昧文 (16) (17) を用い，英語母語話者とギリシャ語を母語とする英語学習者に

自己ペース読み課題を行なった.英語学習者は(17)文における直接目的語としての意味的適切性の低さを利用し,当初から主節動詞に後続する名詞句を従属節の主語ととらえたため,下線部領域の読み速度が(16)文に比べて速くなったが,英語母語話者にはそのような効果がみられなかった.

(16) [意味的適切性高]

The inspector warned the boss would <u>destroy very</u> many lives.

(17) [意味的適切性低]

The inspector warned the crimes would <u>destroy very</u> many lives.

これらの下位範疇化情報や意味情報はいつどのように利用されているのであろうか.カミデほか(Kamide et al. 2003)は,視覚世界パラダイム(Visual World Paradigm)という実験手法を用いた研究により,英語母語話者は,動詞下位範疇化情報を用いて後続する構造を予測している可能性があることを示した.実験では,3項動詞(例 spread)—動作主・対象・着点という3つの項を要求する動詞—を含む文(例 The woman will spread the butter on the bread.)が音声呈示された.実験参加者は,実験文を聞きながら絵(図3.6)をみるように指示された.その際の視線を計測することで,リアルタイムでの言語処理プロセスを観察しようとしたのである(Altman and Kamide 1999).実験の結果,実験参加者の視線は,対象(the butter)が音声呈示された時点で,すでに着点(パン)に向けられていることが明らかになった.

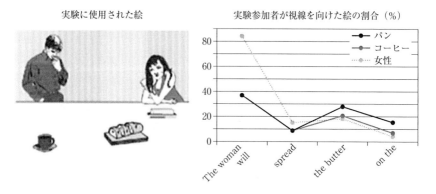

図3.6　カミデほか(2003)で用いられた絵と実験結果

これらの実験結果から，英語母語話者は，動詞に組み込まれた統語情報（下位範疇化情報）を即時に参照・利用していることがわかる．ただし，動詞-目的語間の意味的適切性に関する情報は，下位範疇化情報ほど活用されない可能性がある．これまで，語彙に含まれる統語・意味情報が統語構築に与える影響に関する先行研究を取り上げたが，次節では談話的な情報が統語構築に及ぼす影響について検討する．

b. 文脈情報の影響

　文脈情報もまた，統語構築をガイドする役割を果たすことを示したアルトマンとスティードマン（Altman and Steedman 1988）の研究を紹介する．彼らが使用したターゲット文は，以下のような一時的構造曖昧文である．

　(18)は，前置詞句 with the new lock が名詞句 the safe に付加されるべき意味内容の文であるのに対し，(19)は前置詞句 with the dynamite が動詞句 blow open に付加されるべき意味内容の文である．

(18) 名詞句付加構造ターゲット文
　　　The burglar blew open the safe with the new lock and made off with the loot.
(19) 動詞句付加構造ターゲット文
　　　The burglar blew open the safe with the dynamite and made off with the loot.
(20) 名詞句付加構造支持文脈：A burglar broke into a bank carrying some dynamite. He planned to blow open a safe. Once inside he saw that there was a safe which had a new lock and a safe which had an old lock.
(21) 動詞句付加構造支持文脈：A burglar broke into a bank carrying some dynamite. He planned to blow open a safe. Once inside he saw that there was a safe which had a new lock and a strongbox which had an old lock.

　名詞句付加構造を支持する文脈(20)や動詞句付加構造を支持する文脈(21)を先行呈示した際の，ターゲット文読み時間を自己ペース読み課題により測定したところ，先行文脈のバイアス（名詞句付加構造支持/動詞句付加構造支持）とターゲット文構造が一致しない場合にターゲット文(18)(19)の前置詞句以降の読み時間が増大した．このように先行文脈が後続する文の統語構築に影響を及ぼすことが，さまざまな研究から指摘されている（Altman et al. 1992 など）．

　それでは，文脈情報と動詞下位範疇化情報の両方の情報が利用可能な場合，どちらの情報が優先的に統語解析に利用されるのであろうか．ブリット（Britt 1994）

は，動詞が項として義務的に前置詞句を要求する3項動詞（例：put, place）を含むターゲット文(22)(23)と，随意的要素として前置詞句を伴う動詞（例：drop, throw）を含むターゲット文(24)(25)の読み時間を測定した．なお，ターゲット文は，先行文脈（名詞句付加構文支持/動詞句付加構文支持）後に呈示された．

(22) 義務動詞・動詞句付加構文（on the chair は動詞句に付加）
He put the book on the chair <u>before</u> leaving.
(23) 義務動詞・名詞句付加構文（on the battle は名詞句に付加）
He put the book on the battle <u>onto</u> the chair.
(24) 随意動詞・動詞句付加構文（on the chair は動詞句に付加）
He dropped the book on the chair <u>before</u> leaving.
(25) 随意動詞・名詞句付加構文（on the battle は名詞句に付加）
He dropped the book on the battle <u>onto</u> the chair.

その結果，名詞句付加構文支持文脈の後に(23)義務動詞・名詞句付加構文が呈示された場合，曖昧性解消領域（下線部）で読み時間が上昇した．つまり，先行文脈にたとえ名詞句付加を誘発するようなバイアスがかかっていたとしても，ターゲット文読解時には，動詞の下位範疇化情報の利用が優先され，最初の前置詞句（on the battle）を義務動詞の項とみなし，動詞句付加として解釈していた可能性がある．つまり，先行文脈の影響は，動詞の項構造の頻度に依存した限定的なものであることが指摘されている（Spivey and Tanenhaus 1998 など）．

c. プロソディの影響

ポーズ，イントネーション，ピッチといったプロソディ情報もまた，文構造の理解に影響を及ぼすことが示されている．英語母語話者は，プロソディ情報を手掛かりに，統語的曖昧文の理解を行なうことが明らかにされている（Speer and Blodgett 2006）．まず，ポーズやイントネーションが構造解釈の手がかりに利用される事例を紹介する．一時的構造曖昧文，Since Jay always jogs a mile and a half seems like a very short distance to him. が音声呈示された場合，文解析器の選好性（後の閉鎖の原則）から考えると，聞き手は a mile and a half を直接目的語として解釈すると予測されるが，jogs の後にポーズをおいて呈示すると，聞き手は a mile and a half を主節の主語として理解する傾向にあることが示されている．また，When Roger leaves the house is dark. という一時的構造曖昧文に対して，統語上の境界と一致するように，下降調トーンを leaves に付与すると通常の発話に比べて

聞き手の理解が促進され，統語上の境界と一致しないように the house に下降調トーンを付与する場合は，聞き手の理解が阻害されることが示されている（Kjelgaard and Speer 1999）．ただし，主語位置と一致しないイントネーション境界を示した場合（例：Our dogs bark / at the neighborhood cats）でさえも，英語母語話者は文の統語構造に基づいて主語を指摘できることを示した研究もあり，文構造により見解が分かれている（Read and Schreiber 1982）．

次に，ピッチ情報が文解析に関与することを示した研究を紹介する．シェーファーほか（Schafer et al. 2000）は，英語母語話者の実験参加者に，(26)(27)文のような疑問詞と関係代名詞の両方の解釈が可能な wh 節を含む文を，WHO にアクセント（高く発音）を置く発話，あるいは who にはアクセントを置かず文末単語にアクセントを置く発話を呈示した後に，2 択の内容理解問題に解答することを求めた．

(26) a. I asked the pretty little girl WHO's cold.
b. I asked the pretty little girl who's COLD.

その結果，(26a) 文は疑問詞として，(26b) 文は関係詞として解釈されることが明らかになった．このことから，ピッチ情報が文構造の決定に重要な役割を果たすことが示唆される．ただし，wh 節に含まれる語数を多くすると，その効果がみられなくなることも指摘されており（Stirling and Wales 1996），ピッチ情報は，文構造の理解に影響を及ぼすが，限定的なものであるともいえる．

上記の研究はいずれも音声呈示後に理解を求めたものだが，このようなプロソディ情報は，いつ統語解析に利用されているのであろうか．前出のキェルガードとシュペーア（1999）は，クロスモーダル法を用いた実験により，英語母語話者はリアルタイムでイントネーション情報を利用できることを示した．彼女らは，刺激文として When Roger leaves the house... と，文の途中まで音声呈示し，実験参加者にそれに続いてターゲット語（例 is）から始まる文を発話するように求めた．統語境界と一致するよう leaves を下降調トーンで呈示した場合と統語境界と一致しないよう the house を下降調トーンで呈示した場合では，前者の方が後者よりも産出にかかる時間が短いことが示され，プロソディが即時的に統語構築をガイドすることが示唆された．また，以下のようにこの刺激文にもとづく構文では，(27b) のような解釈よりは，(27a) のように house を動詞（leave）の目的語と

してとる構文が好まれるということも考察される．

(27) a. When Roger leave the house, its dark.
　　 b. When Roger leave, the house is dark.

さらに，プロソディ情報が後続する文構造の予測に用いられることを示した研究もある．Tap the frog with the flower. は，2種類の解釈が成り立つ構造的曖昧文である．英語母語話者がこの文を発話する際には，聞き手にとって曖昧性が生じないように，ポーズを以下のような箇所に入れて意図を伝えようとする傾向がある．

(28) 名詞句付加解釈：動詞句と名詞句の間にポーズを挿入
　　 Tap / the frog with the flower.「花を持ったカエルを，叩きなさい」
(29) 動詞句付加解釈：名詞句と前置詞句の間にポーズを挿入
　　 Tap the frog / with the flower.「カエルを，花を使って叩きなさい」

スネデカーとトゥルースウェル（Snedeker and Trueswell 2003）は，視覚世界パラダイムを用いて，聞き手が英文理解を行なう際に，音声に含まれるプロソディ情報をいかに利用して文構造を理解しているのか調査した．実験参加者の前に映し出された画面には，①カエル，②花を持ったカエル，③花，④関連のない絵が呈示された．名詞句付加条件 (28) の音声が流れた際，ポーズ後の名詞句（the frog）開始直後に，実験参加者は②花を持ったカエルを凝視した．一方，動詞句付加条件 (29) の音声が流れた際には，実験参加者はポーズ後の前置詞句（with the flower）開始直後に，③花を凝視するようになった．つまり，聞き手はポーズを文構造の予測に利用していることを示唆している．

このように，英語母語話者は，プロソディを統語構造の決定に早い段階から利用していることがわかる．ただし，プロソディのみに依存した文理解をしているわけではなく，プロソディ情報と文構造が一致しない場合は統語構造をもとにした理解を行なうことが示された．

3.3　日本人英語学習者における統語処理メカニズム

ここまでは，英語母語話者における統語処理の様相を概観した．英語母語話者は，非統語情報（語彙・文脈・プロソディ）をリアルタイムで参照・利用しなが

ら統語構築を進めており，中でも語に含まれる下位範疇化情報を積極的に利用しているが，意味や談話，プロソディ情報の利用は限定的であることが示された．この節では，日本人英語学習者が統語構築中に非統語情報をどのように用いるのか英語母語話者の文理解プロセスと比較し，検討したい．

3.3.1 統語処理の非自動性

中西と横川（Nakanishi and Yokokawa 2011）では，ワーキングメモリ容量を測定するテストであるリーディングスパンテスト（reading span test）を用いて，統語処理が日本人英語学習者にとって最もワーキングメモリ資源を消費する処理段階であることを示した．通常のリーディングスパンテストは，次々に呈示される文を音読しながら文末単語を心の中で覚えておくことが求められ，有限のワーキングメモリ資源をいかに効率よく処理機能と保持機能に振り分けているのか，ワーキングメモリの効率性を知ることができる．ただし，文の読みにはさまざまな処理が含まれているため，認知負荷のかかる処理段階を特定することができない．そこで，中西と横川（2011）は，リーディングスパンテストの文末単語再生率に影響を与える，最も処理負荷の高い処理段階を探ることにした．さまざまな処理段階―意味・統語・語用論―に認知負荷をかけたリーディングスパンテストを作成し，文末単語再生率を比較したところ，統語処理に認知負荷をかけた条件における文末単語再生率が最も低いことが明らかになった．これは，日本人英語学習者は特に統語処理に認知コストがかかり，限りあるワーキングメモリ資源の大半を消費してしまうため，文末単語の記憶にワーキングメモリ容量を回すことができなかったものと考えられる．また，鳴海ほか（2013）では，日本人英語学習者が文中の形態統語違反，句構造規則違反，意味違反にどのような脳反応を示すのか，事象関連電位を用いて調査している．その結果，文中の不規則動詞の形態統語違反や句構造規則違反に対して，英語母語話者で観察された成分が惹起せず，違反を即座に検知することができなかった．一方，意味違反に関しては，英語母語話者と同様の成分が観察されたことから，意味違反に対しては敏感であることが示唆された．

このような第2言語学習者の統語処理の性質を，クラッシェンとフェルサー（Clahsen and Felser 2006）は，浅い処理仮説（Shallow Processing Hypothesis: SSH）

として提唱した．彼らによると，第2言語学習者の統語処理能力は不完全で，英語母語話者のような複雑な統語構造を構築できないため，意味情報や文脈情報のような非構造上の手がかりに依存した処理がなされるという．

3.3.2 語彙情報の影響
a. 語彙の統語的側面（下位範疇化情報・形態統語情報）

橋本・横川（2009）では，日本人英語学習者は文理解の際に，動詞の下位範疇化情報（特に他動性情報）をいかに利用しているのか，また習熟度による違いがみられるのか，下記のような一時的構造曖昧文に要する読解時間を，自己ペース読み課題にて調査した．初級・上級熟達度の日本人英語学習者と英語母語話者がデータ分析対象となった．

(30) ［自動詞バイアス，カンマなし］
　　 While the boy talked the milk got warm soon.
(31) ［他動詞バイアス，カンマなし］
　　 While the boy drank the milk got warm soon.
(32) ［自動詞バイアス，カンマあり］
　　 While the boy talked, the milk got warm soon.
(33) ［他動詞バイアス，カンマあり］
　　 While the boy drank, the milk got warm soon.

英語母語話者は，他動性が高くカンマのない文(31)の，曖昧性解消領域（got warm）における読み時間が他動性が低くカンマのない文(32)に比べ有意に長くなった．英語母語話者は，動詞の他動性情報を生かし，従属節動詞（drank）を他動詞としてとらえ，直後の名詞句（the milk）を直接目的語と解釈した．そのため，後続する主節動詞（got）に直面した際に，当初直接目的語として解釈した名詞句を主節の主語として再分析したことがうかがえる．英語習熟度の高い学習者も英語母語話者と同じ傾向を示したが，効果量の値が英語母語話者ほど大きくなかったため，英語母語話者ほどには動詞の他動性情報を利用できないことが示唆される．一方，英語習熟度の低い学習者は，カンマのない文において，動詞の他動性の低い条件でも高い条件と同程度に読み時間が長かったことから，他動性に関わる語彙知識をリアルタイムで利用できないことが示唆される．この研究により，日本人英語学習者は，習熟度が高くなるにつれて動詞の他動性情報を利用で

きるようになるが，習熟度が高い学習者でも英語母語話者と同等の利用はできないことが明らかになった．

また坂東 (2016) では，習熟度の高い日本人英語学習者を対象に，第 1 言語先行研究をもとに，直接目的語バイアス動詞・従属節バイアス動詞を選定し，自己ペース読み課題・眼球運動測定課題を行なった．実験文には，主節動詞の後に従属節が続く以下のような文を使用した．

(34) 不一致条件：直接目的語バイアス動詞

The worker accepted the money could not be spent.

(35) 一致条件：従属節バイアス動詞

The worker expected the money could not be spent.

自己ペース読み，眼球運動測定課題の第 1 次読解通過時間ともに，一致・不一致両条件における曖昧性解消領域の読み時間に有意な差がみられなかった．しかし，眼球運動測定課題の総注視時間では，不一致条件で読み時間が有意に長くなったことから，日本人英語学習者は，下位範疇化情報をリアルタイムでは利用できないが，最終的な解釈には利用している可能性があることが示された．

このように，日本人英語学習者は，動詞の下位範疇化情報を英語母語話者のようにリアルタイムで使うことが難しいことが示された．上記の研究は，第 1 言語先行研究で用いられた動詞を使用したものであるが，そもそも日本人英語学習者は，他動性に関する語彙知識を有していないのではないかという疑問が残る．そこで，籔内ほか (2011) では，日本人英語学習者を対象に，16 の他動性の異なる動詞を用いて文完成課題を行なった．その結果，①熟達度が上がるにつれ自動詞を正しく用いられるようになること，②他動性が高い動詞については，習熟度を問わず直接目的語を用いる傾向がみられた．このことから，日本人英語学習者においても他動詞に関しては，動詞下位範疇化情報を知識として有していることが明らかになった．

そのうえで，橋本ほか (2011) では，橋本・横川 (2009) の枠組みを用い，自己ペース読み課題による文理解実験を行なった．その結果，下位・上位群ともに他動性が高くカンマのない文 (31) における曖昧性解消領域の読み時間にガーデンパス現象が生じなかった．つまり，日本人英語学習者は，他動詞に関する知識があるにもかかわらず，文理解の際リアルタイムで生かせないことが示唆され

た．

　また鳴海・横川（Narumi and Yokokawa 2013）では，語に含まれる形態統語情報（morphosyntactic information）が，一時的構造曖昧文理解の際にどのように利用されているのか中級熟達度の日本人英語学習者を対象に眼球運動測定装置を用いて調査した．なお，実験文には，関係節動詞の形態（規則/不規則動詞）を操作した文を使用した．

　(36) 曖昧条件（規則動詞）
　　　The poor mother supplied a little money bought a few books.
　(37) 非曖昧条件（不規則動詞）
　　　The poor mother given a little money bought a few books.

　内容理解問題の誤答率は，曖昧条件49.33%，非曖昧条件44%と共に高く，さらに，非曖昧条件における曖昧性解消領域（bought a）にかかる第1次通過読解時間は，曖昧条件における読解時間と差がみられなかった．その他の指標（再解析時間・総読解時間・総注視回数）に至っては，非曖昧条件の方が読み時間が増大する傾向がみられた．このことから，日本人英語学習者は動詞の形態統語情報を用いて文理解をすることができない可能性がある．

b．語彙の意味的側面

　里井ほか（2002）は，意味情報が初期統語解析に利用されるのかどうか，縮約関係節などの一時的構造曖昧文を用いて自己ペース読み課題にて調査した．

　(38)［有生-縮約］The boy found in the room was good-looking.
　(39)［無生-縮約］The book found in the room was good-looking.

　その結果，曖昧性解消領域（was）において，(39)文は(38)文よりも読み時間が短かった．これは(39)文の，文頭名詞句が無生名詞であるという情報を利用し，最初からfoundを動詞ではなく，過去分詞としてとらえたため，曖昧性解消領域における読み時間が上昇しなかったものと考えられる．つまり，日本人英語学習者は，意味情報が利用できる状況下においては，その情報を初期統語解析時にリアルタイムで利用できることが確認された．この結果は，眼球運動測定装置を用いた中級熟達度の学習者を対象にした研究からも明らかにされた（Narumi and Yokokawa 2013）．また，ワーキングメモリ容量の大きさにかかわらず意味情報が初期統語解析時に利用されることも示されている（Nakanishi 2007）．

これらの研究から，第2言語学習者は，意味情報を初期統語解析から利用していることがわかる．また，意味情報への依存度は，英語母語話者よりも第2言語学習者の方が大きいことも指摘されている（Roberts and Felser 2011）．

c. 下位範疇化情報と意味情報の相互作用

動詞の下位範疇化情報と動詞-目的語の意味的適切性といった2つの非構造的情報が利用できる際，日本人英語学習者はどちらの情報を優先させるのであろうか．坂東（2016）は，予備調査として，動詞と直接目的語としての名詞の組合せ（例 wrote the story, believed the story）が意味的に自然かどうかを5段階で調査したうえで意味的適切性（高い/低い）条件を設定した．そのうえで，直接目的語バイアス動詞および従属節バイアス動詞直後に従属節が続く一時的構造曖昧文を作成し，習熟度の高い日本人英語学習者と英語母語話者を対象に，眼球運動測定装置を用いて読み時間を調査した．

(40) ［直接目的語バイアス動詞，意味的適切性高］
　　 The woman wrote the articles might be related to her resignation.
(41) ［直接目的語バイアス動詞，意味的適切性低］
　　 The woman wrote the apples could be exported to the country.
(42) ［従属節バイアス動詞，意味的適切性高］
　　 The woman believed the articles might be related to her resignation.
(43) ［従属節バイアス動詞，意味的適切性低］
　　 The woman believed the apples could be exported to the country.

その結果，英語母語話者における従属節バイアス動詞文にかかる総注視時間が，直接目的語バイアス動詞文に比べて有意に短かった．これは，英語母語話者が動詞下位範疇化情報を利用した読みを行なっていることを示している．また，動詞直後の名詞句（the articles/apples）において，日本人英語学習者のみ，意味的適切性が低い条件で第1次通過読解時間が有意に上昇した．このことから日本人英語学習者は，意味情報の異常に対して即座に反応することが示された．坂東（2016）は，この結果を受けて，英語学習者にとってある程度複雑な文構造の場合，意味情報を統語情報よりも先に処理する可能性があると述べている．

3.3.3　プロソディの影響

日本人英語学習者が，プロソディ構成要素の中でもピッチ情報がいかに統語解

析に用いられているのか検討した研究に吉川（Yoshikawa 2006）がある．彼女は，シェーファーほか（2000）の枠組み（26）（27）文を用いた研究を，日本人英語学習者に対して行った．

その結果，WHO にアクセントが置かれた場合は疑問詞としての解答が多く，解釈に要する時間も短かった．一方，アクセントが置かれなかった場合は関係詞としての解答が多く，解釈に要する時間も短かった．つまり，聞き手はアクセントを手掛かりに統語構造を決定していることがわかる．この結果は，英語母語話者を対象にした研究と一致するが，吉川（2006）の研究では，wh 節に含まれる語数が多い場合でさえも，文を呈示したピッチの影響が観察された．これは日本人英語学習者の韻律情報への依存度がきわめて大きいことを示している．

次に，日本人英語学習者の音声文理解におけるポーズの影響を検証した研究を紹介する（Nakamura 2012）．実験では，リードとシュレイバー（1982）で使用された統語-プロソディミスマッチ文を用いた．日本人英語学習者に，The new teachers/watch has stopped. のようなプロソディ境界と統語境界が一致しない文を音声呈示し，主語を指摘させたところ，英語習熟度の低い学習者の誤答率が高いことが明らかになった．これは，英語母語話者が，プロソディ情報よりも文の統語構造に基づいた理解を示した結果（Read and Schreiber 1982）とは対照的である．ただし，中村（2012）の研究では，習熟度が上がるにつれ，プロソディに依存せず統語境界を判断できるようになることも示している．

3.3.4 各種情報が統語処理に及ぼす影響

日本人英語学習者も，英語母語話者同様，非構造的な情報を利用しながら統語構築を行なうことが明らかになったが，英語母語話者の処理メカニズムと異なる点が2つある．1つ目は，日本人英語学習者は，プロソディや意味・語用論的情報への依存度が英語母語話者よりも高いことである．中でも，意味情報を積極的に統語解析の際に利用している．2つ目は，語の統語的側面（下位範疇化情報，形態統語情報）への依存度が低いことである．特に下位範疇化情報については，日本人英語学習者が知識をある程度有しているにも関らず，統語解析中にリアルタイムで利用することができない．また，意味情報と下位範疇化情報といった複数の情報が使用できる条件下においては，英語母語話者は，下位範疇化情報を優先

的に利用する傾向があるのに対し，日本人英語学習者は，意味情報に依存しながら文処理を行なう傾向にあることが示された．

3.4 まとめ―統語処理の自動化を目指して

日本人英語学習者が英語母語話者のように統語処理を自動化させるには，いかに語に含まれる下位範疇化情報を統語解析中にリアルタイムで利用することができるかが重要な鍵となる．

ピカリングとブラニガン（Pickering and Branigan 1998）は，語の統語情報は，脳内に図3.7のようなネットワーク構造で蓄えられているとを提案している．たとえば，giveやsendという動詞は［名詞句＋名詞句］あるいは［名詞句＋前置詞句］という下位範疇化情報とともにネットワーク上で結びついている．このモデルを用いれば，普段私たちが日常的に経験している統語プライミング現象(syntactic priming effect)（Bock, 1986）―発話の際，直前に相手が用いた統語構造を無意識のうちに使ってしまう現象―を説明することができる．たとえば, The boy gave a ring to the girl. という発話を聞くと，その発話に含まれる動詞のみならず，［名詞句＋前置詞句］という下位範疇化情報も活性化されて，The mother sent apples to the girl. のような同じ統語構造の発話が引き起こされやすくなる．この現象は，第1言語研究のみならず, 第2言語研究においても確認されている(Pickering and Branigan 1998, Morishita et al. 2010)．森下ほか (2010) は，日本人英語学習者を対象に，以下の4種類の文（プライム文）のいずれかを視覚呈示した後 The patient showed…（ターゲット文）に続く語句を記入し文を完成させる課題を行なった．

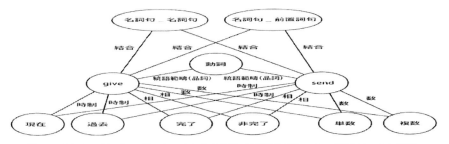

図3.7　ピカリングとブラニガン (1998) による単語の統語情報表象モデル（門田2012より転載）

		参加者の反応		
	プライム文	名詞＋前置詞	名詞＋名詞	その他
同じ動詞	名詞＋前置詞	49.6	18.4	32
	名詞＋名詞	17.7	47.5	34.8
異なる動詞	名詞＋前置詞	42.5	21.9	35.6
	名詞＋名詞	19.2	42	38.8

図 3.8 日本人英語学習者によるターゲット文産出率（％）

その結果，プライム文とターゲット文の動詞が同じ場合であれ，異なる場合であれ，実験参加者の反応は，プライム文で処理した構文と同じ構文を使用する傾向にあることが示された（図 3.8）．

(44) ［名詞句＋前置詞句］ The driver showed the car to the mechanic.
(45) ［名詞句＋名詞句］　 The driver showed the mechanic the car.
(46) ［名詞句＋前置詞句］ The driver gave the car to the mechanic.
(47) ［名詞句＋名詞句］　 The driver gave the mechanic the car.

また，習熟度による検討もなされており，中川ほか（Nakagawa et al. 2013）は，特に熟達度の低い学習者の場合は，図 3.7 のような統語表象そのものが形成されておらず，プライミング効果が生じにくいと主張している．

さらに，プライム文への接触回数を増やすことで言語産出時のプライミング効果が高まることが，英語母語話者を対象とした研究（Kaschak et al. 2006）のみならず，日本人英語学習者を対象にした研究（Morishita and Yokokawa 2012）からも支持されている．森下と横川（2012）は，日本人英語学習者を対象に，(44)〜(47)のプライム文を均等に 5 回ずつ合計 20 回呈示するグループと，1 種類のみに 20 回呈示するグループに分け，プライム文を視覚呈示した後 The patient showed... という出だしに続く文を筆記により完成してもらう課題を行なった．その結果，特定のプライム文への接触回数が多い後者のグループの方が，プライミング効果が現れやすいことが確認された．

3.2 節，3.3 節で述べたように，日本人英語学習者は，動詞の下位範疇化情報をある程度知識として蓄えているにもかかわらず，英語母語話者のようにリアルタイムで統語構築に利用することができない．統語プライミング効果は，処理済み

の構文が無意識のうちに潜在学習された結果生じる現象（門田 2012: 266）である．統語プライミング効果を生かした学習を繰り返すことで，動詞の下位範疇化情報として「知っている知識」を，統語構築中にリアルタイムで「使える知識」に変容させることが重要である．

より深く勉強したい人のために

- Matthew J. Traxler（2011）*Introduction to Psycholinguistics: Understanding Language Science*, Oxford UK: Wiley-Blackwell.
   心理言語学の入門書であるが，本章との関連では，第 4 章の Sentence Processing が特に参考になる．
- Alan Juffs and Guillermo A. Rodriguez（2014）*Second Language Sentence Processing*, New York: Routledge.
   実証データに基づく，第 2 言語処理理論を展開している．本編との関連では，第 3 章の The Influence of Verb Argument Structure on Processing が特に参考になる．
- 横川博一・定藤規弘・吉田晴世（2014）『外国語運用能力はいかに熟達化するか―言語情報処理の自動化プロセスを探る』松柏社．
   外国語運用能力の熟達に伴う，言語処理能力の自動化プロセスについて，心理言語学・脳神経科学的実験から検討した一冊である．

文　献

井上雅勝（2000）『ガーデンパス現象に基づく日本語文理解過程の実証的研究―予測的処理の可能性―』大阪大学人間科学部博士論文．
門田修平（2012）『シャドーイング・音読と英語習得の科学』コスモピア．
門田修平（2015）『シャドーイング・音読と英語コミュニケーションの科学』コスモピア．
里井久輝・籔内智・横川博一（2002）「EFL リーディングにおける言語処理ストラテジー―ガーデンパス文の処理による検討―」『全国英語教育学会第 28 回神戸研究大会発表論文集』95-98.
須田孝司（2011）「第二言語文処理における意味役割情報の関わり」『富山県立大学紀要』21: 36-43.
鳴海智之・長井千枝子・松本絵理子・林良子・横川博一（2013）「日本人英語学習者の文処理時における言語処理情報への敏感さに熟達度が与える影響―事象関連電位測定実験による神経科学的検討―」『信学技法』113(174): 13-18.
橋本健一・平井愛・籔内智（2011）「初級 L2 学習者の動詞下位範疇化情報とその利用―オフライン・オンライン課題からの検討―」『信学技報』111(320): 43-48.
橋本健一・横川博一（2009）「熟達度が第二言語文理解における動詞他動性情報の利用に与える影

響」『信学技法』109(297): 51-56.
坂東貴夫（2016）『日本語母語英語学習者による英語ガーデンパス文処理における動詞下位範疇化情報と意味的適切性の影響』名古屋大学大学院国際開発研究科博士論文.
籔内智・橋本健一・平井愛（2011）『熟達度別に見た日本人 EFL 学習者の動詞下位範疇化情報』第37回全国英語教育学会（口頭発表），山形大学.
Altman, Gerry T. M., Alan Gernham and Yvette Dennis (1992) "Avoiding the Garden Path: Eye Movements in Context," *Journal of Memory & Language* **31**: 685-712.
Altman, Gerry T. M. and Yuki Kamide (1999) "Incremental Interpretation at Verbs: Restricting the Domain of Subsequent Reference," *Cognition* **73**: 247-264.
Altman, Gerry T. M. and Mark Steedman (1988) "Interaction with Context During Human Sentence Processing," *Cognition* **30**: 191-238.
Bock, Kathryn (1986) "Syntactic Persistence in Language, " *Cognitive Psychology* **18**: 355-387.
Britt, Anne M. (1994) "The Interaction of Referential Ambiguity and Argument Structure in the Parsing of Prepositional Phrases," *Journal of Memory and Language* **33**: 251-283.
Clahsen, Harald and Claudia Felser (2006) "Grammatical Processing in Language Learners," *Applied Psycholinguistics* **27**(1): 3-42.
Ferreira, Fernanda and Charles Clifton (1986) "The Independence of Syntactic Processing," *Journal of Memory and Language* **25**: 348-368.
Frazier, Lyn (1987) "Sentence Processing: A Tutorial Review," in M. Coltheart (ed.) *Attention and Performance XII: The Psychology of Reading*, Hillsdale, NJ: Erlbaum, 559-586.
Frazier, Lyn and Janet D. Fodor (1978) "A Sausage Machine: A New Two-stage Parsing Model," *Cognition* **6**: 291-325.
Frazier, Lyn and Keith Rayner (1982) "Making and Correcting Errors During Sentence Comprehension: Eye Movements in the Analysis of Structurally Ambiguous sentences," *Cognitive Psychology* **14**: 178-210.
Garnsey, Susan M., Neal J. Pearlmutter, Elizabeth Myers and Melanie A. Lotocky (1997) "The Contributions of Verb Bias and Plausibility to the Comprehension of Temporarily Ambiguous Sentences," *Journal of Memory & Language* **37**(1): 58-93.
Garnsey, Susan M., Michael K. Tanenhaus and Robert M. Chapman (1989) "Evoked Potentials and the Study of Sentence Comprehension," *Journal of Psycholinguistic Research* **18**: 51-59.
Holmes, Verginia M., Laurie Stowe and Linda Cupples (1989) "Lexical Expectations in Parsing Complement-verb Sentences," *Journal of Memory and Language* **28**: 668-689.
Kamide, Yuki and Don C. Mitchell (1999) "Incremental Pre-head Attachment in Japanese Parsing," *Language and Cognitive Processes* **14**(5): 631-662.
Kamide, Yuki, Gerry Altmann, T. M. and Sarah L. Haywood (2003) "The Time-course of Prediction in Incremental Sentence Processing: Evidence from Anticipatory Eye Movements," *Journal of Memory and Language* **49**: 133-156.
Kaschak, Michael P., Renrick A. Loney and Kristin L. Borreggine (2006) "Recent Experience Af-

fects the Strength of Structural Priming," *Cognition* **99**: B73-B82.

Kjelgaard, Margaret and Shari Speer (1999) "Prosodic Facilitation and Interference in the Resolution of Temporary Syntactic Closure Ambiguity," *Journal of Memory and Language* **40**: 153-194.

Ledoux, Kerry, Matthew J. Traxler and Tamara Y. Swaab (2007) "Syntactic Priming in Comprehension: Evidence from Event-related Potentials," *Psychological Science* **18**: 135-143.

Morishita, Miwa, Hisaki Satoi and Hirokazu Yokokawa (2010) "Verb Lexical Representation of Japanese EFL Learners: Syntactic Priming during Language Production,"『ことばの科学研究』**11**: 29-43.

Morishita, Miwa and Hirokazu Yokokawa (2012) "The Cumulative Effects of Syntactic Priming in Written Sentence Production by Japanese EFL Learners," Poster Session Presented at the Annual Conference of the American Association for Applied Linguistics (AAAL), Boston, MA.

Nakagawa, Eri, Miwa Morishita and Hirokazu Yokokawa (2013) "The Effects of Lexical Processing and Proficiency on Syntactic Priming During Sentence Production by Japanese Learners of English," *ARELE* **24**: 189-204.

Nakamura, Chie (2012) "The Effect of Prosodic Boundary in Understanding English Sentences by Japanese EFL Learners," *Second Language* **11**: 47-58.

Nakanishi, Hiroshi (2007) "How L2 Working Memory Capacity for Japanese EFL Learners are Related with Processing of Garden Path Sentences," *ARELE* **18**: 191-200.

Nakanishi, Hiroshi and Hirokazu Yokokawa (2011) "Determinant Processing Factors of Recall Performance in Reading Span Tests: An Empirical Study of Japanese EFL Learners," *JACET Journal* **53**: 93-108.

Narumi, Tomoyuki and Hirokazu Yokokawa (2013) "Proficiency and Working Memory Effects on the Use of Animacy and Morphosyntactic Information in Comprehending Temporarily Ambiguous Sentences by Japanese EFL Learners: An Eye-tracking Study," *Journal of the Japan Society for Speech Sciences* **14**: 19-42.

Neal J. Pearlmutter, Elizabeth Myers and Melanie A. Lotocky (1997) "The Contributions of Verb Bias and Plausibility to the Comprehension of Temporarily Ambiguous Sentences," *Journal of Memory and Language* **37**(1): 58-93.

Pearlmutter, Neal J., Susan M. Garnsey and Kathryn Bock (1999) "Agreement Processes in Sentence Comprehension," *Journal of Memory and Language* **41**: 427-456.

Pickering, Martin J. and Holly P. Branigan (1998) "The Representation of Verbs: Evidence from Syntactic Priming in Language Production," *Journal of Memory and Language* **39**(4): 633-651.

Rayner, Keith and Sara C. Sereno (1994) "Eye Movements in Reading: Psycholinguistic Studies," in Morton A. Gernsbacher (ed.) *Handbook of Psycholinguistics*, San Diego, CA: Academic Press, 57-81.

Read, Charles and Peter Schreiber (1982) "Why Short Subjects are Harder to Find than Long Ones," in Eric Wanner and Lira R. Gleitman (eds.) *Language Acquisition: The State of the Art*,

Cambridge: Cambridge University Press, 78-101.

Roberts, Leah and Claudia Felser (2011) "Plausibility and Recovery from Garden Paths in Second Language Sentence Processing," *Applied Psycholinguistics* **32**: 299-331.

Schafer, Amy, Katy Carlson, Charles Clifton Jr. and Lyn Frazier (2000) "Focus and the Interpretation of Pitch Accent: Disambiguating Embedded Questions," *Language and Speech* **43**: 75-105.

Snedeker, Jesse and John Trueswell (2003) "Using Prosody to Avoid Ambiguity: Effects of Speaker Awareness and Referential Context," *Journal of Memory and Language* **48**(1): 103-130.

Speer, Shari and Allison Blodgett (2006) "Prosody," in Matthew J. Traxler and Morton A. Gernsbacher (eds.) *The Handbook of Psycholinguistics, Second Edition*, Amsterdam, The Netherlands: Elsevier, 505-538.

Spivey-Knowlton, Michael J. and Michael K. Tanenhaus (1994) "Referential Contexts and Syntactic Ambiguity Resolution," in Charles Jr. Clifton, Lyn Frazier and Keith Rayner (eds.) *Perspectives on Sentence Processing*, Hillsdale, NJ: Lawrence Erlbaum, 415-439.

Trueswell, John C., Micheal K. Tanenhaus and Susan M. Garnsey (1994) "Semantic Influences on Parsing: Use of Thematic Role Information in Syntactic Ambiguity Resolution," *Journal of Memory & Language* **33**: 285-318.

Wallen, Paul, Esther Grabe and Francis Nolan (1995) "Prosody, and Parsing in Closure Ambiguities," *Language and Cognitive Processes* **10**: 456-486.

Wilson, Michael P. and Susan M. Garnsey (2009) "Making Simple Sentences Hard: Verb Bias Effects in Simple Direct Object Sentences," *Journal of Memory and Language* **60**: 368-392.

第4章 語用の理解と獲得

高橋　潔

4.1 語用の理解と習得

　本章は語用論に関する理解と習得に関わる章である．語用論とは，高橋（2012）の下記の図で示されているように，人間関係や文化を背景とした状況の中で，言語の形式的構造とその意味と言語使用者の三角関係を扱う分野である．したがって，語用論の理解と習得の研究には，人間関係や文化の理解が必須である（図4.1）．

　本章では，まず，文化の定義と言語との関わりから説明し，文化の違いからコミュニケーション・スタイル（communication style）の違いが生じ，その違いか

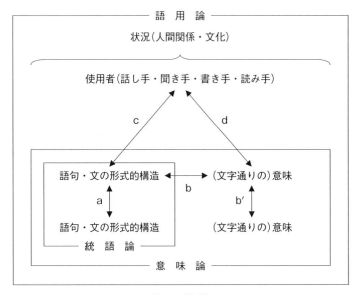

図 4.1　語用論

ら日本人英語学習者がどのようなことに気をつけなければならないか，という話から，さらに，具体的なコミュニケーション・スタイルの違いによる誤解の例へと展開していく．談話の状況の一部となる人間関係の扱いも，おのずとその中で扱われる．そこから日本人の英語学習に有益な知見も得られる．

4.1.1 文化と言語

人間関係や文化の理解と言語はどう関わってくるのだろうか．人間関係がどのようなものかは，すぐれて文化的問題である．では，文化はどのようにとらえられ，とりわけ，言語とどのように関係してくるのだろうか．高橋・西原 (2013) によれば，文化は以下の (1) のように定義づけることができる．

(1) 一定の社会の人々に習得・共有・伝達される行動様式・生活様式の総体．言語・習俗・道徳・宗教・種々の制度などが具体例．文化相対主義 (cultural relativism) においてはそれぞれの人間集団は個別の文化を持ち，個別の文化はそれぞれ独自の価値を持っており，その間に高低・優劣の差はない個別的なもの．

文化の定義は (1) に限られるわけではないが，言語も文化の一部ととらえられている．しかし，言語は文化の単なる一要素ではない．言語と文化の関係は，宮岡 (1996) のものの一部を修正した高橋・西原 (2013) の図がわかりやすい．

図 4.2 が全体として示しているのは，人間の生態系 (ecological system) としての文化である．まず，この図で表されていることすべての認識は，言語$_1$ によっ

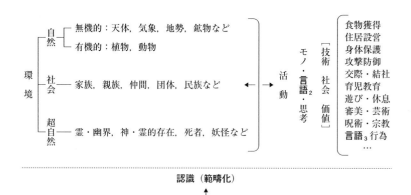

図 4.2 文化と言語

て範疇化，つまり，区別されているものである．この言語₁の働きは，記号（sign）としての言語の働きである．記号論（semiotics）は，ソシュール（Ferdinand de Saussure）に始まった学問で，記号とは混沌とした音声と混沌とした概念を切り分け，世界を認識するときの単位として成立するもので，結びつけている音声部分はシニフィアン（signifier），概念部分はシニフィエ（signified）と呼ばれる表裏一体のコインのような単位である．図4.2は，言語₁によって世界が認識され，文化が成立していることを示しているわけである．環境には自然・社会・超自然などに分けられるさまざまな下位類がある．そのような環境に対して，人間はいろいろな活動を行なって生活を営んでいるが，活動はモノと言語₂と思考を使って行なわれているといえる．言語₂は，目的指向的表現手段体系としての言語観に端的に表されている働き，つまり，コミュニケーションの道具としての言語である．他の生物と同様に，他の人とのコミュニケーションなしでは人間は環境の中で生きてもいけないし，種を守っていくこともできない．この言語₂は言語₁とともに思考にも深く関わっている．モノ・言語・思考を通して，技術・社会・価値が形成されながら，人間は食物獲得や住居設営をはじめとしてさまざまな活動をしている．これらの活動と技術・社会・価値の形成は相互に影響しあう関係になっている．さまざまな活動の中には，言語₃の活動も含まれる．言語₃の活動は，発話行為（speech act）を中心とした言語なしでは行為として成立しない活動である．このような活動の中で，ある1人の1回限りの偶然の活動ではなく，一定の集団の人々に習得・共有・伝達される様式を持った活動とその活動の結果の総体が文化であるといえる．

4.1.2 文化の違いとコミュニケーション・スタイル類型
a. 高コンテクストと低コンテクスト

前節の文化と言語の密接な関係から，言語と文化が最も関わってくるのは，コミュニケーション・スタイルであるといえる．コミュニケーション・スタイルとは，クランシー（Clancy 1986）によれば，「ある文化の中で言語が使用され理解される方法」であるが，その基本的な構成要素は，フィッツジェラルド（FitzGerald 2003）によると，興味の示し方，期待する関わりの深さ，話し始めと話し終わりのタイミング，他の人と同時に話し始めてかまわないかどうか，ポライトネス

（politeness）の表し方，沈黙が受け入れられるか不快と感じられるか，不同意を避けるべきかどうか，情報がどのように組み立てられて提供されるかなど，多数の要素である．コミュニケーション・スタイルが，文化，社会ごとに異なっていることは，外国語を学習していても，肌感覚では自分の文化しか知らない学習者には，ほとんど認識されていない場合が多い．だが，上記の要素すべてが語用論に関する理解と習得に関わってくるものの，ある程度研究されているのは，話し始めと話し終わりの形式やポライトネス，沈黙の解釈，不同意の表明しやすさ，理解責任（text comprehension responsibility）などであり，理論的研究も言語事実の収集・分類・分析もまだまだ十分とはいえない．語用論的性質の習得は，母語以外の言語に触れる機会の多い第2言語習得（second language acquisition）の場合でも学習言語にさらされていくうちに自然に習得されることは期待できないもので，外国語習得（foreign language acquisition）の場合には，触れる機会がいっそう少ないため，自然に習得されることはない．したがって，第2言語習得であれ，外国語習得であれ，まず第1に重要なことは，学習言語の語用論習得にはその言語の文化の理解が必須であり，文化やコミュニケーション・スタイルの違いを明示的に学習するということである．学習者が年少である場合には，指導者が学習者の年齢や学習歴を考慮しながら明示的に学習を促していかなければならない．日本語と英語の文化やコミュニケーション・スタイルの違いを認識するためには，単に日本語と英語の違いだけではなく，他の言語や文化との比較からの視点も欠かせない．そのため，本章では，まず，コミュニケーション・スタイルの類型的な研究の紹介を行なう．ただし，具体例として取り上げる場合には，なるべく日英語を例としている．

　コミュニケーション・スタイルの構成要素には，それぞれ結びつけられるような関連性があり，その研究の端緒となったのは，ホール（Hall 1976）であった．ホール（Hall 1976）は，コミュニケーションに，高コンテクスト（high-context）コミュニケーションと低コンテクスト（low-context）コミュニケーションという概念を提案した．これをホール（Hall 1976）は図4.3で表現している．高コンテクスト・コミュニケーションでは，メッセージの解釈は，人間関係や社会習慣など言語で明示されないコンテクストに大きく依存する．いわば「はっきりいわなくても察してわかる」コミュニケーションが行なわれるのであり，話し方は間接的で

図 4.3 高コンテクストと低コンテクスト
HC：高コンテクスト，LC：低コンテクスト．

含意に富み，メッセージの解釈は聞き手側に大きな責任があり，沈黙にも意味がある．沈黙が自制の気持ちを伝えているからである．また，高コンテクスト・コミュニケーションが普通に行なわれているところでは人々の結束力が強い社会が形成されているといわれる．一方，低コンテクスト・コミュニケーションでは言語で詳細まではっきり述べないとメッセージが伝わらない．話し方は直接的で，メッセージのほとんどはことばで伝えなければならない．会話者はことば以外のコンテクストや状況にはあまり注意を払わず，いわれたことを額面どおりに解釈するのが普通で，文字通りの解釈であれ，含意の解釈であれ，誤解を招くとしたら，それは話し手側に責任があるとされる．また低コンテクスト・コミュニケーションが行なわれているところでは，変わりやすく，人々を結びつける力の弱い社会が形成されているといわれる．

　結局，コミュニケーションが高コンテクスト型か低コンテクスト型か，人がどのようにことばを使って表現しているかを観察すれば，その文化の特徴がわかる，ということになる．具体的に，メイヤー（Meyer 2014）は，高コンテクスト・コミュニケーションと低コンテクスト・コミュニケーションの各国分布を次のように示している．

(2) コミュニケーションの各国分布

```
US   Netherlands  Finland        Spain    Italy   Singapore  Iran   China   Japan
Australia  Germany  Denmark  Poland  Brazil  Mexico  France  India  Kenya  Korea
     Canada            UK          Argentina  Peru  Russia  Saudi  Indonesia
                                                            Arabia
```

⟵――――――――――――――――――――――――――――――⟶

Low-Context　　　　　　　　　　　　　　　　　　　　　　　High-Context

b. 4つのコミュニケーション・スタイル

ホール (Hall 1976) の「高コンテクスト／低コンテクスト」は，さらにホール (Hall 1983) では文化における時間に関する違いにも考察が展開され，その後多くの研究がなされ，グディカンストほか (Gudykunst et al. 1988) では，コミュニケーション・スタイルを stylistic mode と呼んでいるが，ホールの枠組みが発展・拡大された以下のような4つのコミュニケーション・スタイルが提唱されている．

(3) a.「直接的」(direct) vs「間接的」(indirect)
　　b.「入念」(elaborate) vs「的確」(exacting) vs「寡黙」(succinct)
　　c.「個人的」(personal) vs「文脈的」(contextual)
　　d.「手段的」(instrumental) vs「情緒的」(affective)

以下では，ホール (Hall 1976, 1983) やグディカンストほか (Gudykunst et al. 1988) だけでなく，フィッツジェラルド (FitzGerald 2003) やホフステードほか (Hofstede et al. 2010)，津田ほか (2015) などの知見もまとめながら，(3) のコミュニケーション・スタイルを紹介していく．

(3a) の「直接的」とは，北アメリカなどのような個人主義を好む文化でよくみられるもので，直接的で正確で明確な言語表現を用いて表される正直さや率直さが重視されるコミュニケーション・スタイルである．具体例として，重光 (2015) の wh 疑問文の例をみてみよう．2010年にイギリスのオックスフォードで行なわれた英語母語話者男性同士の会話で，B4は英国人大学生，B5は英国人大学院生であり，初対面である．

(4) [UK 27]
　　01 B4：What did you do your masters in?
　　02 B5：I did it, well, the East India Company.
　　03 B4：[ah OK]
　　04 B5：[Well,] specifically, Warren Hastings, well, he's still a

```
05      hero man, a very pragmatic leader in a time when
06      pragmatism wasn't...
```

B4 が 01 行目で行なった wh 疑問文の質問 "What did you do your masters in?" は 02 行目で B5 によって "I did it, well, the East India Company" と直接回答されている．また，次の (5) は，2010 年にオーストラリアのシドニーで行なわれたオーストラリア人の男性大学院生同士の初対面の会話である．

```
(5) ［Au43］
01 Au4：Why did you choose Korean?
02 Au6：Um uh well I've worked with Korean for a bit before,
03      but I guess the main reason is I'm now married to a Korean
04      Korean
```

02 行目に状況説明として "Um uh well I've worked with Korean for a bit before," が入っているが，03 行目で Au6 は "the main reason is I'm now married to a Korean" と 01 行目の Au4 の Why の疑問文 "Why did you choose Korean?" に直接回答している．アメリカのみならず，個人主義的で低コンテクスト的であるイギリスやオーストラリアでも直接的で正確で明確な表現を用いることで正直さや率直さが表され，そのことがコミュニケーション・スタイルとして重視されているのである．

一方，東アジアの文化のような集団主義の価値観に重きを置くところでは，集団の和と服従が重視され，それは，(3a) の「間接的」であいまいで暗示的なコミュニケーション・スタイルによって担われている．具体例として，再び重光 (2015) が取り上げている 2009 年の初対面の日本人男性 3 人の数学に関わる会話をみてみる（↑はイントネーションの上昇を表す．（小数点つき数字）はポーズの場所と秒数による長さを示す．［数字つき発話］は発話の重複を示している）．

```
(6) ［JP17］
01 J25：扁定値を正定値に使う正定値はどうやるんですか？
        (0.7)
02 J24：正定値だけでは要はあの強すぎるんですよ
03 J25：強すぎる↑もっと弱くていいんですか↑
04 J24：もっと弱くて大丈夫（1.1）で　だからその条件を
05      書き下すのに
```

06 J26：［ええっ↑］
07 J24：［本このくらい 2］（しぐさ：指で 5 cm くらいの幅を示す）

J25 は 01 行目で「扁定値を正定値に使う正定値はどうやるんですか？」と wh 疑問文を発しているのに対して，J24 は J25 がある程度知識があると思って，正定値の弱い・強いという特徴を述べるだけで回答をほのめかしているだけである．直接の回答をしていないのである．そのために J25 は 03 行目で「強すぎる↑もっと弱くていいんですか↑」と確認する必要が出てきている．J24 は直接の回答をせず，正定値を使うには条件の書き下しが必要だという暗示的な応答をしているだけである．

　(3b)の「入念」なスタイルは，聞き手に強く訴える表現を用いるもので，グディカンストほか (Gudykunst et al. 1988) によると，アラビア語話者に典型的にみられるもので，表現豊かな隠喩や直喩を用いる傾向があるという．ヴェジビツカ (Wierzbicka 2006) が，リハブニー (Rihabny 1920) というシリア人でアメリカ育ちであることから，中東の文化と英語文化の両方に通じた宗教学者の文献を引用しながら指摘しているが，中東の文化は大言壮語する (effusive, impetuous) 文化であり，英語文化は正確さ (accuracy) と，それゆえ，控えめ表現 (understatement) を理想とする文化であるという．

　(3b)の「的確」なスタイルは，実は，英語話者のスタイルがその典型である．このことは，ヴェジビツカ (Wierzbicka 2006) 以前に，グライス (Grice 1967, 1975, 1989) の協調の原理 (Cooperative Principle) とそれを具体化した4つの公理 (maxim) に端的に現れているといえる．

(7) 協調の原理
　　会話のそれぞれの段階で，自分が参加している会話のやりとりが目指している目的・方向によって必要とされるような貢献をしなさい．
(8) 質の公理 (The Maxim of Quality)
　　会話に対する自分の貢献を真実であるものにすること，特に
　　a. 偽と信じていることをいわないこと
　　b. 十分な証拠のないことをいわないこと
(9) 量の公理 (The Maxim of Quantity)
　　a. 会話のやりとりで当面の目的となっていることに必要とされるだけの情報を提供するように心がけること

    b. 必要以上に多くの情報を提供しないこと
(10) 関連性の公理（The Maxim of Relevance）
    自分の貢献を関連性のあるものにすること
(11) 様態の公理（The Maxim of Manner）
    はっきりと明確にいうこと，特に，
    a. 不明瞭な表現を避けること
    b. あいまいさ（二義性・多義性）を避けること
    c. 短くいうこと（余計な言葉を使わないこと）
    d. 順序よくいうこと

グライス自身は協調の原理や公理を会話における普遍的な原理ととらえていたかもしれないが，これらの原則は，破ろうと思えば破ることもできるが，普通どんな会話であっても無意識のうちに参加者が守っているマナー，つまり，人の行動指針ともいえるもので，すぐれて文化的ともいえる．「入念」なスタイルで表現豊かな隠喩や直喩をよく用いるアラビア語と違って，英語ではたとえば "to the best of my knowledge…"（「私の知る限りでは…」）や "as far as I can tell"（「私のわかる限り」）などの慣用句があるのは，「知っていること」（what one knows）と「思うこと」（what one thinks）の区別，また，個人的に知っていること（personal knowledge）と公に知られていること（public knowledge）の区別も重要であるとされている．これは，実は，歴史的にさかのぼると，ロック（Locke 1690）の思想に根ざしている英語の特徴の1つであるとヴェジビツカ（Wierzbicka 2006）が指摘している．彼女はさらに，I think に代表される現代英語における認識様態語句（epistemic phrase）がいかに多く，また現代英語で重要な役割を果たしているかも指摘している．たとえば，事実を表し，認識様態語句のない Bill is in Sydney now. という文は客観的知識であることを含意しているが，I think, I guess, I suppose などの認識様態動詞句のある文は事実に関する知識であるという含意はない．ドイツ語，ロシア語，日本語など多くの言語が多数のやりとりの不変化詞（interactional particle）を持っているのとは対照的に，現代英語には，以下にみられるような，認識様動詞句が非常に多数あり，話者の命題に対する態度を細かく分析して表している点で独特であると指摘している．

(12) I expect, I believe, I suppose, I assume, I imagine, I gather, I presume, I guess, I suspect, I take it, I understand, I trust, I wonder, I feel; I should think, I

should've thought, I'm inclined to think, I tend to think, I don't think, I don't suppose, I would guess, my guess is, my understanding is, I would argue, I would suggest

さらに，これらの中で，I think, I don't think, I suppose とアメリカ英語の I guess が使用頻度が大変高いということも明らかにしている．

(3b)の「寡黙」なコミュニケーション・スタイルとは，ポーズ (pause)，沈黙，控えめ表現がよく使用されることが特徴で，話し方やことばの技量はあまり重視されない．ポーズや沈黙は，以下の石原・コーエン（2015）の英語の会話にもみられるかなり普遍性のある特徴であるが，控えめ表現と並んで，日本や中国などアジアの文化やアメリカ先住民の文化でよくみられるという．

(13) A：God, isn't it dreary.（ああ，どんよりしてるね）
　　B：［ポーズ］It's warm though.（でも暖かいよ）

ここでは，Aの意見に対して，Bはポーズを伴って，好ましくない意見の表明が次にくることを示すことで，異議を和らげているのである．英語以上に，日本などの東アジアの高コンテクスト社会では，ポーズはもちろん沈黙にも意味があり自制の気持ちを伝えているものであることは，前節でホール（Hall 1976）の指摘を紹介したところでも述べた通りである．英語圏でなら議論をするのが当然の会議やセミナーのような場面であっても，高コンテクスト社会では公の場での率直な討論や不同意は嫌われ，沈黙が好まれる．逆に，英米人は沈黙が苦手で，会話で沈黙が起こると居心地悪く感じるということは，よく知られている．また，Tanaka ほか（2008）も指摘しているように，直訳すれば I'm sorry. になってしまう日本語の「すいません」が，謝罪よりお礼の意味や談話の補修（remedial）や維持（supportive）するような仕方で語用論的機能を果たしているため，英語の I'm sorry. より使用頻度がずっと高く使われることは，日本語で控えめ表現が好まれていることの証拠の1つといえる．

(3c)の「個人的」スタイルは，「私」（I）や「個人」（personhood）のアイデンティティーが重視される個人主義的かつ平等主義的な社会で用いられるもので，低コンテクストである英語圏やスカンディナビアで典型的なスタイルであり，明示的な代名詞の使用が一般的である．(14)の小寺（1989）のあげている主語のない日本語文をみると，日本語では主語がないことがまったく自然であるが，対応

する英文では主語に代名詞が必要である．

(14) 昨夜はいつお帰りになりましたか．― 10時に帰りました．
When did you come home last night? ― I came home at ten.

英語でもよく知られているように，以下のような表現で主語が省略されることがあるが，それらは慣用表現であったり，使用域（register）やスピーチレベル（speech level）が限定されたものに限られている．

(15) a. Thank you very much.［慣用表現］
b. Get up at seven this morning.［日記文］
c. Gotcha!（＝I got you.）（見つけた／了解／引っかかった／…）
　　［形式張らない口語体］

日本語ではウチの人（in-group）同士でなければ使われない直接的な呼称やファーストネームが，英語では対等で打ち解けた関係であることを強調するときには，よく使用される．

(16) Susan：Hello, Peter! How are you?
Peter：Hi, Susan! I'm fine, thanks!

一方，(3c) の「文脈的」スタイルは，「役割」（role）のアイデンティティーが重視される．このスタイルでは，社会が集団主義的で高コンテクストなので，話し手も聞き手も多くの前提知識を共有していることが期待されており，そのため，さほど重要と思えない背景的な話しや前後関係がはじめに話される．以下の大井(1987) のアメリカ滞在中の，日本人の奥さんがパーティーの招待を断るときの例が，「文脈的」スタイルを表している．

(17) a.「ウチの5歳になる息子がきのう熱を出しました．主人は忙しいといって，ちっとも家のことはしてくれません．おまけにウチのボイラーの調子もおかしくて，早目に修理を頼まねばならないと思っているのです．それで申し訳ないのですが，明日のパーティーには行けそうもないのです．」
b. "I am sorry, but I can't make it to your party. ..."

(17a) の日本人の奥さんのコミュニケーション・スタイルでは，ひとつひとつの文がすべて文法的に正しくとも，聞き手のアメリカ人のパーティー主催者は，彼女が何をいいたいのか要領を得ず，最後まで聞いてようやくパーティーのことをいっているのかと合点がいくことになる．全体の流れがどうも変だという印象をアメリカ人に抱かせてしまう．英語のコミュニケーション・スタイルなら，(17b)

のように，はじめに断りをいってから理由を続ける展開にしなければうまく伝わらないのである．

(3d) の「手段的」スタイルは目的重視で話し手志向の言語使用であり，理解責任は話し手側にある．アメリカ人の言語使用がこのスタイルの典型である，話し手は聞き手をひとつひとつ説得するように話すが，話し手の主張が聞き手に共感を持って受け入れられるかどうか確認しようとはしない．レイコフ (Lakoff 1984) やハインズ (Hinds 1987) がテクストの理解責任で言語類型を提示しているが，ハインズ (Hinds 1987) が引用している以下のチェイフ (Chafe 1982) が，アメリカ人の話し手・書き手の意識を物語っている．

(18) …the speaker is aware of an obligation to communicate what he or she has in mind in a way that reflects the richness of his or her thoughts…; the writer is … concerned with producing something that will be consistent and defensible when read by different people at different times in different places, something that will stand the test of time…

英語が話し手責任型であることを示す証拠の1つとして，他動詞 lose の用法の1つをあげることができる．『ジーニアス英和大辞典』の lose の他動詞の3番目の意味をみてみよう．

(19) lose

3⁽ˢ⁾ [SVO]〈人が〉〈道・方向・人〉を見失う，〈言葉〉を聞きのがす，〈人〉を取り逃がす；《略式》〈人〉に理解されていない；《やや古》〈乗物〉に乗り遅れる (miss)// We found that we had lost *our* [the] way. 私たちは道に迷ってしまったことに気づいた《◆ lose way は「失速する」の意》/ We *lost* (sight of) him in the forest. 私たちは森の中で彼を見失った / I'm afraid you've *lost* me.《略式》おっしゃることがよくわからないのですが（= I'm afraid I can't follow you.）/ I *lost* the 10: 30 bus. 私は10時30分のバスに乗り遅れた《◆ I missed … が普通》/ "*Lost* something?" （道で困ったような顔をしている人に）どうかしましたか.

ここで，「《略式》〈人〉に理解されていない」という語義に，「話し手が聞き手に話しをわからなくさせる」という意味があり，「I'm afraid you've lost me.《略式》おっしゃることがよくわからないのですが」（= I'm afraid I can't follow you.）という例文がつけられている．聞き手側に理解責任がある日本語では「(聞き手側が話し手側に) おっしゃることがよくわからないのですが」と翻訳せざるを得ない表

現になっている．『ロングマン英和辞典』でも lose の他動詞の 14 番目の意味として次のように扱われている．

(20) lose

14 他《インフォーマル》〈人〉を混乱させる，に話の筋をわからなくさせる：*Explain it again. You lost me after the first sentence.* もう一度説明してもらえますか．最初の文のあとから話がわからなくなってしまいました．

日本語における話し手責任については，バーンランド（Barnlund 1975）も指摘しているように，日本人は言葉に対して懐疑的で，口に出す言葉は決して内面の思想をそのまま言い尽くすことはできないと思っている．新渡戸（Nitobe 1931）も

(21) 心の奥底にある考えや感情を多くの端的な言葉で表現すると，我々の間ではそれが浅はかで誠実みのない何よりの証拠だと受け取られてしまう．

と述べている．テクストの解釈は話し手側にないことを表している．

一方，上記の「手段的」スタイルが話し手責任であるのに対して，(3d) の「情緒的」スタイルは聞き手志向であり，理解責任は聞き手側にある．話し手は自分の主張が聞き手に共感をもって受け入れられるかどうかを気にし，プロセスを重視する．グディカンストほか（Gudykunst et al. 1988）は「情緒的」スタイルをさらに「控えめな情緒的」（subdued affective）スタイルと「大仰な情緒的」（dramatic affective）スタイルに分けている．「控えめな情緒的」スタイルは東アジアが典型的で，前述のように聞き手責任型で，話し手は自分の意見や感じ方について聞き手が受け入れてくれるとわかるまで自分の態度を明らかにしないため，慎重で間接的な言い方になる．このことは，ブラウンとレビンソン（Brown and Levinson 1987）に始まるポライトネス理論において，英語圏よりも日本語圏では聞き手の話し手に対する力が比較的大きくみなされること，また，文化の中でその行為が与える負担の度合いが会話中に判断されることから，日本人の会話は (17a) のように間接的で慎重になるのだともいえる．ちなみに，以下にブラウンとレビンソン（Brown and Levinson 1987）のフェイス侵害行為（face threatening act: FTA）と，あるフェイス侵害行為 x が相手のフェイスを脅かす度合い（weightiness of the FTA(x): Wx）が，次のように 3 つの要素の和になっていることを確認しておきたい．

(22) $Wx = D(S, H) + P(H, S) + Rx$

Wx：あるフェイス侵害行為xが相手のフェイスを脅かす度合い
D (S, H)：話し手 (S) と聞き手 (H) の社会的距離
P (H, S)：聞き手の話し手に対する力 (P)
Rx：文化の中でのその行為が与える負担の度合い

英語圏，とりわけアメリカのような社会と日本とでは，次節で触れる「集団主義」(collectivism) と「個人主義」(individualism) という違いのため，上記の D (S, H) の違いが大きいだけでなく，P (H, S) や Rx が会話中に判断されることから，同じような行為でも Wx が図 4.1 の「状況」の違いに結びつくため，日本語など東アジアの言語では敬語が発達しているのではないかと考えられる．井出ほか (1986)，井出 (1987, 2006)，井出 (Ide 1989) などの一連の研究で，井出はポライトネスは，ブラウンとレビンソン (Brown and Levinson 1987) のいうように，聞き手にメッセージを好意的に受け取ってもらうために話し手が意図的に使う方策として具現化するもののほかに，言語共同体で期待されている規範にしたがって，コンテクストに応じて選択される言語表現もあり，その典型が日本語の敬語であるとしている．日本語の敬語使用は話し手の意図的な使用というより場面に応じた適切な表現の選択の結果であり，その選択の幅は以外と狭いものなのであるとしている．

グディカンストほか (Gudykunst et al. 1988) のいう「大仰な情緒的」スタイルは，アラビア語話者にみられるもので，上述の「入念」なスタイルの説明でも触れたように表現豊かな隠喩や直喩を用いる傾向があり，たとえば，ヴェジビツカ (Wierzbicka 2006) によると，遠路はるばる訪れた友人を自宅に泊めるとき，直訳すると

(23)「我が家に来ていただくことは私にとっては大変名誉なことです，もはやこの家はあなたのものです．お望みなら, 燃やしてしまってもかまいません．我が家の子どもたちもあなたの意のままです．あなたがお望みなら, 私の子どもを犠牲にしてもかまいません．あなたの表情が輝くなら, 今日こそは神のお恵みのある日なのです, …」

というような大仰な表現をするスタイルであるという．

以上，ホール (Hall 1976) の「高コンテクスト／低コンテクスト」が，グディカンストほか (Gudykunst et al. 1988) の 4 つのコミュニケーション・スタイルに改変されてきたことを，関連するさまざまな語用論研究とともに紹介してきた．次

は，このようなコミュニケーション・スタイルの違いやそれと密接に関わっている文化の違いに対して，学習者やその指導者はどのような姿勢で臨むべきなのかという問題について触れる．

4.1.3 文化のステレオタイプ化問題と異文化理解

前節で紹介したコミュニケーション・スタイルの違いから，誰しもたとえば日本人はコミュニケーションの際，間接的にしかものをいえず，寡黙で，集団主義で聞き手に大きな責任があるのだ，と思い込んでしまうかもしれない．このような一般化が必ずしも成り立たないことは，日本にいる日本人にとっては，まわりにいる日本人の中に当てはまらない人がたくさんいることから自明ともいえる．だが，これが，異文化の人に誤解を生じさせるから一般化といえどもレッテルづけをすべきでない，つまり，文化やコミュニケーション・スタイルをステレオタイプ化するべきでないという主張につながりやすい．(1)で述べた20世紀後半の文化人類学で基本的で規範的であった「それぞれの人間集団は個別の文化を持ち，個別の文化はそれぞれ独自の価値を持っており，その間に高低・優劣の差はない個別的なもの」という文化相対主義とも整合するので，ステレオタイプ化は危険な考え方であるという考えが成り立つ．実際，高野 (2008) は，下記のように，「文化的なレッテル」や「文化ステレオタイプ」を問題視している．

(24) a. …じつは，これは日本人だけの問題ではない．「集団主義」「個人主義」のような文化的レッテルは，ひとびとの意識のなかで，異なる文化のあいだに深い亀裂をつくりだす．その亀裂は，文化集団のあいだの対立感情をあおり，やがて大きな惨禍をもたらすことにもつながりかねない（…）．交通機関や通信技術の発達によって異文化同士の接触が飛躍的にふえてきた現代世界では，文化的なレッテルの問題は，どの文化に属するひとびとにとっても，決して無縁ではいられない重大な問題になってきているのである．集団主義・個人主義の問題は，この普遍的な問題を考えるための一つの例題だとみることもできる． (高野 2008: iii)
 b. 文化ステレオタイプの危険性
   文化ステレオタイプは，文化差についての錯覚を生みだすが，その結果は，単に「不正確な認識」というだけでは済まされない．文化ステレオタイプによって誇張された「文化差」は，異なる文化をもつ人間集団のあい

だの対立を激化させる場合が少なくないのである．　　　（高野 2008: 295）
 c. 文化ステレオタイプは「文化差」を誇張するが，それは政治的に利用されて，現実世界に大きな惨禍をもたらす危険がある．その危険を回避するためには，「文化」や「文化差」を正確に認識することが第一の前提条件になる．もちろん，完璧な正確さで現実を認識することは不可能だろう．しかし，完璧な正確さは望めないとしても，いま少しの努力をついやして，現実の重要な側面を見落とさないようにすることができれば，わたしたちの現実認識は大きく改善することができる．すくなくとも，重大な被害を回避できる程度には改善することができるはずである．「文化差」を考えるとき，必要なことは，その「いま少しの努力」なのではないだろうか．

（高野 2008: 300）

上記（24a, b）のような考え方は，以下の第二次世界大戦後の 1945 年 11 月 16 日に署名されたユネスコ憲章の冒頭文と同様，政治的にきわめて健全な考え方である．

(25) 国際連合教育科学文化機関憲章（ユネスコ憲章）
 前文
　この憲章の当事国政府は，その国民に代って次のとおり宣言する．
　戦争は人の心の中で生れるものであるから，人の心の中に平和のとりでを築かなければならない．
　相互の風習と生活を知らないことは，人類の歴史を通じて世界の諸人民の間に疑惑と不信をおこした共通の原因であり，この疑惑と不信のために，諸人民の不一致があまりにもしばしば戦争となった．
　ここに終りを告げた恐るべき大戦争は，人間の尊厳・平等・相互の尊重という民主主義の原理を否認し，これらの原理の代りに，無知と偏見を通じて人間と人種の不平等という教義をひろめることによって可能にされた戦争であった．
　文化の広い普及と正義・自由・平和のための人類の教育とは，人間の尊厳に欠くことのできないものであり，且つすべての国民が相互の援助及び相互の関心の精神をもって果さなければならない神聖な義務である．
　政府の政治的及び経済的取極のみに基く平和は，世界の諸人民の，一致した，しかも永続する誠実な支持を確保できる平和ではない．よって平和は，失われないためには，人類の知的及び精神的連帯の上に築かなければならない．
　（以下略）　　　　　　　　　　　　　　　　（文部科学省ホームページより）

だが，ユネスコ憲章には，文化のステレオタイプ化が問題だとはどこにも書いていない．一番問題なのは「相互の風習と生活を知らないことは，人類の歴史を通じて世界の諸人民の間に疑惑と不信をおこした共通の原因であり，この疑惑と不信のために，諸人民の不一致があまりにもしばしば戦争となった」ということである．つまり，異文化を知らないことこそが最大の問題なのである．文化のステレオタイプを知っていることは，まったく知らないことよりむしろましであり，ステレオタイプはステレオタイプであって，例外もいくらでもあることを承知していれば，むしろ，異文化理解の第一歩となるものであると認識しておくことが重要なのである．高野 (2008) も，(24c) で「「文化差」を考えるとき，必要なことは，その「いま少しの努力」なのではないだろうか」と指摘している．この点で，ステレオタイプ化に関する学習者・指導者にとって異文化理解やコミュニケーション・スタイル学習での実践的考え方を明確に提示しているフィッツジェラルド (FitzGerald 2003) は，大変有益である．フィッツジェラルド (FitzGerald 2003) のステレオタイプ化に関わる考え方の要点を紹介すると次のようなものである．

(26) a. 異文化接触の場では，お互いが相手の文化に対してなるべく多くの知識を持ち，しかも異文化コミュニケーションでは，必ず誤解が起こるということを認識する必要がある．それができてはじめてコミュニケーションが成立する．

b. 異文化間コミュニケーションの過程では，相手の性格を判断することは困難である．話し相手の文化を知り，その文化での標準を知らなければ，相手の行動がその標準からどれくらい・どう乖離しているのかがわからない．異文化の人と接触する機会が増えても，ステレオタイプ化されたコミュニケーション・スタイルと話し手・聞き手の個人的なスタイルをきちんと見極めることは大変難しく，誤解はこのことが根底にある原因であると気づかれない場合が多い．

c. 異文化対応スキル発達のためには，文化集団の分類・一般化が必要である．これによって個人に気づきをもたらし異文化対応に不可欠な知識を与えてくれる．このような方法をステレオタイプ化だといって排除すると，政治的には正しくても異文化対応トレーニングにならない．ステレオタイプ化が少数集団に否定的に働くことが多いことを意識したうえで，どんなコミュニケーション・スタイルにも長所・短所があることを学ぶことで偏見は少なくなっていく．

d. ステレオタイプ化に対する批判は，ステレオタイプを無視することの方がかえって異文化に対する理解を妨げることがあり，ステレオタイプを無視してもステレオタイプの影響力がなくなるわけではない．文化を類型化しそれを賢明に応用することで他文化を理解し，必要に応じて類型化そのものを変更していけばいいのである．

e. どんな人も，文化が我々の行動に大きく影響することを学ぶ必要がある．行動に対する文化的影響を学ぶことによって自分の文化を意識し，同じことをするにも他のやり方があることを理解する．その知識をもとにスキルを学べば，たとえ文化が大きく違ってもコミュニケーションに問題が起きることは少なくなる．

(26a) は異文化コミュニケーションでは，必ず誤解が起こるが，その認識があってはじめてコミュニケーションが成立ということ，(26b) は異文化間コミュニケーションの過程では，相手の性格を判断すべきでないということ，(26c) はステレオタイプを無視するより，それを第一歩としてステレオタイプを賢く利用すればいいということ，(26d, e) は文化が人の行動に大きく影響することをしっかり認識していれば，異文化コミュニケーションでの問題は起きにくくなるということの指摘である．日本人は，東アジアの大陸から離れた島国で生活しているため，異民族・異文化・他言語と接触する機会は少なかったといえる．他方，ヨーロッパで大陸から近い島国であるブリテン島は，紀元前から何度もヨーロッパ大陸からの異民族襲来経験があり，イギリス人もイギリス文化もそれらが融合してできたものであるといえる．それだけ，異文化コミュニケーション問題は経験値が高く，イギリスのユーモア（British humour）は，世界的に有名である．(24c) での高野 (2008) がいう「「文化差」を考えるとき，必要なことは，その「いま少しの努力」なのではないだろうか．」の「いま少しの努力」をおかしみをこめて行なっているともいえる．図 4.4 の観光用はがきは，イギリスの観光地にいけばどこでも売っているようなものだが，ヨーロッパ各国の人の文化的ステレオタイプをユーモラスに表している．この絵の作者はそれぞれの絵とともに表現している反対の性格がステレオタイプ的国民性だと，揶揄しているというより，ユーモアと愛情をこめて表現している．

(27) ［図 4.4 の出典］ J. N. Hughes-Wilson, The Perfect European Should Be..., cartoons, picture postcard　　　　　　　　（©WPI Whiteway Publications）

図 4.4 完璧なヨーロッパ人とは

　このような，余裕をもった態度こそが，異文化である第2言語や外国語の語用論習得に必要な姿勢といえるのではないだろうか．前節でも指摘したとおり，第2言語習得であれ外国語学習であれ，その語用論の習得は異文化接触にほかならず，誤解は避けられない．次節では，前節のような4つのコミュニケーション・スタイルを認識していても，学習者が誤解をしたり，語用論的間違いをしてしまうことがある場合を通して，学習者の外国語の語用論の学習の難しさと指導者の留意すべき要点をまとめていく．

4.2　学習者の語用論

　前節では，学習者も指導者も，言語と密接に関わっているがゆえに，文化的違いがコミュニケーション・スタイルの違いになっており，そのスタイルの明示的学習が重要であることを指摘した．以下では，発音や文法や語法と違って，語用

論的間違いが，学習者に意識されにくく，学習時間が長くても自然に習得されることはなく，また，間違いをどのように修正するかは，結局，学習者の選択の問題であるということを指摘する．

4.2.1 語用論的逸脱

学習対象言語が教室外でも使われている第2言語習得の場合であっても，適切な語用論的指導を受けていないと，母語話者と同じくらいの語用論的理解力を持つには長い年月を要するといわれている．第2言語習得の場合，常に触れているとしても適切な言語運用モデルがあるとは限らないし，通常，学習者が発音や語法を間違えてしまうときは指摘されることはあっても，語用論上のことば使いについてアドバイスを受けることはない．語用論的逸脱（pragmatic divergence）と呼ばれる語用論上のことば使いの間違いは，間違いと気づかれないことが多いし，気づかれても気づいた人がどう説明したらいいのかわからない場合もあれば，学習者は意図的にわざと間違えている場合もあると考えられるからである．言語運用能力の中でも最も複雑で指導も難しい側面であるといえる．以下では，まず語用論的逸脱の単純な例として，母語のコミュニケーション・スタイルと学習する言語のコミュニケーション・スタイルにある／ないの違いによって起きてしまうとまどいや誤解や表現の過ちを具体例とともに提示する．

4.2.2 母語または学習対象言語での表現が状況上欠落している場合

母語または学習言語で状況上ぴたり対応している表現がない場合が案外多い．このような場合のうち，比較的重要と考えられるいくつかの項目について，日英語の対応関係をみてみる．

a. 挨 拶

(16)で指摘したが，この例は，親しい者同士の直接的な呼称やファーストネームが，英語では対等で打ち解けた関係であることを強調するためよく使われることを示している．これは，英語圏，特にアメリカではフレンドリーであることが重要であるのに対して，日本語では敬意（deference）を示すことが重要であるからである．そのため，日本語では挨拶の際，話し手と聞き手の親密度に関わりなく相手の名前，特にファーストネームをつけることは普通ないので，日本人英語

学習者は"Good morning."や"Good by."などの挨拶表現に相手の名前をつけ忘れることが多い．また目線を合わせるアイコンタクト（eye contact）やスマイルが十分行なわれないことも多い．逆に英語母語話者の日本語学習者は，日本語の挨拶の際，相手の名前をつけようとするが，初級者の場合，ファーストネームで呼ぶことがぶしつけに当たるかもしれないことに気がつかなかったり，呼ぶとしても聞き手がソトの人（out-group）であれば姓（family name）で呼ぶことが普通であることを知らない場合もある．日本語では相手に対する敬意が重要であるがため，鋭いアイコンタクトや過剰なスマイルは，日本人にとって必ずしも居心地がよいわけではないことを知らない場合もある．また，英語圏では日本人以上に平日と週末が意識されているので，別れの挨拶は，平日は"Have a nice day."だが，週末になると"Have a nice weekend."と切り替わることが多く，日本人英語学習者はこれを忘れがちである．日本語の挨拶で平日と週末の区別がないからである．

　ビジネスの場合，日本語の談話の始まりは多くの場合，以下の(28)のa〜dの順番に展開される．

(28) a. 挨拶：「今日は」
　　 b. 自己紹介／前の出会いへの言及：「私，○○商事の田中でございます．名刺をどうぞ．」／「この間は，大変お世話になりました．」
　　 c. 世間話：「いやー，近頃は暑いですねー．」
　　 d. 本題：「さて，例の案件ですが…」

ここで，(28b)と(28c)が英語母語話者が時に違和感を覚えるところであるといわれている．(28b)の自己紹介は日本ではよく行なわれることが多いが，英語圏では人間関係の基本は三角関係であり，AさんがBさんのこともCさんのことも知っているが，BさんとCさんは互いに相手のことを知らない場合，AさんがBさんをCさんへ紹介するというのが普通である．この場合，Cさんが社会的に上であるのが普通である．(28b)で，初対面でない場合は，日本語談話では前の出会いへの言及があるのが普通と感じられている．前回の出会いでお世話になり，そのときに礼をいっていたとしても，再開時にまた礼をくりかえすのが普通である．しかし，英語圏ではお礼はその場ですませるものであって，再開時にまたお礼のことばをくりかえすことは普通しない．次に，(28c)について英語母語話者が違

和感を覚えるのは，これからビジネスの話をする状況で世間話などをするのは時間の無駄だと感じるからである．しかし日本語の談話では，「暑いですねー．」など終助詞「ね」を使う世間話が不可欠と感じられる．これは，「ね」が社会的に同じ共同体に属しているという連帯感（solidarity）を示しているからである．日本では，英語圏での三角関係が人間の基本的関係であるのとは異なり，毎年4月に進学・就職などで，一斉に複数の人々が所属集団が変わることが多い．日本が集団主義といわれるゆえんでもある．所属集団が変わったら，「ね」が使えるような状態になることが期待されているのである．また上述で，アメリカではフレンドリーであることが重要であるのに対して，日本語では敬意を示すことが重要であることを指摘したが，日本語の談話でもフレンドリーであることを示すことは重要で，この終助詞「ね」を使う世間話がその役割を負うていると感じられる．なお，英語母語話者がビジネスの話をする状況ですぐ本題に入らないことを時間の無駄だと感じることは，"by the way/incidentally"など話の副題に談話がそれることを示す英語の談話標識（discourse marker）と対応する日本語の談話標識「ところで」の使用の違いにもみられる．このことと談話の流れに関しては，Takahashi (1993) が参考になる．

b.「いただきます」「ごちそうさまでした」「よろしく」など

　日本語にある場面に密着した慣用句で英語にないものの代表が「いただきます」「ごちそうさまでした」「よろしく」などである．これらは，それぞれ，"Let's eat."，"Thanks for the nice meal."，"Nice to meet you." などが考えられるが，状況次第でほかにもさまざまな表現が使われる．「よろしく」に関する，具体的で詳細な意味分析と対応する英語表現については，高橋 (2002) が参考になる．

　前節で述べたように，英語は直接的，的確，個人的，そして話し手責任の言語であるので，場面に密着した慣用句が少なく，定型的慣用句があってもむしろ状況に応じて変異（variation）を効かせた定型的表現が好まれる．たとえば「いらっしゃいませ」も"Hello."や"Can／May I help you?"などその場の状況に応じた表現が選ばれる．また，スーパーマーケットで買い物をして精算を済ませた後，"Have a nice day."と店員が客にいうことが多いが，夕方に客が難しそうな本を買った後は"Have an intelligent night."，パーティーで使えるようなゲームを買った後は，"Have a fantastic night."などと，そのときの状況に応じて慣用的表現でも

変化させる場合が多い．日本語では，「ありがとうございました」という定型表現があるだけで，英語のような変異はない．

c. 談話終了時の表現

日本語で談話が終了するときには，「(それ) じゃー」「それでは」などの終結前表現 (pre-closing) が使われる．英語にも定型的な談話の流れはあるのだが，使われる表現は，他の状況でも使われる慣用表現であるため，意識的に談話終了の流れを学習する必要がある．下記に Ishihara and Cohen (2010) と石原・コーエン (2015) の例をあげる．

(29) a. 会話 1
  A：All right.   ［終結前の信号］
  B：OK.   ［終結前の信号］
  A：So long.   ［最後のやり取り］
  B：See you later.   ［最後のやり取り］
 b. 会話 2
  A：Oh well, I'll no doubt bump into you next time.［終結前信号・流れ］
  B：Yeah. I'll see you sometime.   ［終結前の流れ］
  A：All right?   ［終結前の信号］
  B：All righty.   ［終結前の信号］
  A：Bye, Henry.   ［最後のやり取り］
  B：Take care. Bye.   ［終結前の流れ・
                最後のやり取り］

会話 1 の方が簡潔で，すぐ再会が予測されるような日常的別れの談話終了なのに対して，会話 2 はより丁寧な別れを告げている．ただし，会話 2 が日本語の「さようなら」に対応しているかどうかはわからない．日本語の別れのことばは，談話者同士の人間関係によって，状況次第で「失礼します」「おじゃましました」など，ほかにもさまざまな表現が使われる．「さようなら」は，別れのあと再開までかなりの時間があるという含意 (implication) があるからである．日本語を母語としない日本語学習者は，このような含意がなく「さよなら」ということがあるが，日本語話者でそのようなときにわざわざ言語使用についてアドバイスをする人はまれと思われる．

英語学習者にとっては，(29) のような談話で終結前の信号や終結前の流れをと

らえる，あるいは，利用することで談話の終結を迎えられるように学習することが重要である．下記に Ishihara and Cohen (2010) と石原・コーエン (2015) の終結前の信号と終結前の流れの例と最後のやりとりの例をあげ，説明も簡潔に示しておくが，石原・コーエン (2015) によると，このような自然な談話の結び方を指導している教科書は 1990 年代にはほとんどなく，いまでも外国語指導における盲点となっている可能性がある．

(30) 終結前の信号：それまでの談話に新情報を加えたり新たな話題提供をしないで，会話を結ぶ意図を示している．
　　a. OK　　　「うん」「わかった」
　　b. all right　「わかった」「はーい」
　　c. alight　　「わかった」「よっしゃ」
　　d. well　　　「うん」「そう」「まあ」
　　e. anyway　 「とにかく」
　　f. thanks　　「どうも」「ありがと」
　　g. so　　　　「そう」
　　h. yes　　　「はい」「そう」

(31) 終結前の流れ：これ以上話し合うことがないと間接的に伝える．内容は談話の主目的を反映することが多い．
　　a. 約束事の確認：
　　　 I'll see you in the morning.「では明日お目にかかりましょう．」
　　b. （電話など）会話の理由：
　　　 I just called to find out if you're going.「あなたが行くのかなと思って電話したわけ」
　　c. 終結の宣言
　　　 OK, let me get back to work.「じゃあ，仕事に戻ろうかな」
　　　 OK, I'll let you go.「じゃあ，そろそろね」
　　d. 感謝
　　　 Thank you.「ありがとうございます」
　　e. 相手への心遣い
　　　 Take care.「気をつけて」

(32) 最後のやりとり：別れの挨拶の定型表現を使って実際に別れを告げ合う．
　　a. See you.「またね」「では今度」
　　b. Bye.「バイバイ」「さよなら」

c. OK.「じゃあ」「それじゃあね」

4.2.3　母語からの影響
前節の母語または学習対象言語での表現が状況上欠落している場合も，広義には母語からの影響といえるが，語用論的間違いの中には，談話の始めや終わりなどと談話内での分布からは見分けられない母語からの影響が原因となっている場合も多い．以下ではその具体例として，ほめ言葉と応答をみていく．

ほめ言葉と応答
ほめ言葉やそれに対する答えは，コミュニケーション・スタイルによって異なり方が大きく，話し手や聞き手の性別，ほめる対象などを考慮しなければならず，注意すべき談話である．ほめられたとき，それに対する応答には，大きく分ければ，受け入れ（accept），やわらげ（defect），否認（reject）という3つの対応がある．これらのうち，英語の談話では，素直に受け入れる場合が多い．一方，日本語談話では否認ややわらげが使われる場合が多い．この点で日本語とコミュニケーション・スタイルが似ている韓国語の話者が，日本語会話で何かをほめられた後で「いや，そんなことないよ」といっても，コミュニケーション・スタイルが似ているので母語からの影響があっても問題はない．だが，同じ話者が，英語の談話中に何かをほめられた後で"No, no, that's not true."と否認したら，英語のコミュニケーション・スタイルではほめことばをすげなく拒否することはその評価を疑っているとみなされ，友人との友好的関係を拒絶しているように思われ，ぎこちない雰囲気が漂うことになりかねない．対人関係管理とも言い換えられるスペンサー・オーティー（Spencer-Oatey 2009）のいうラポールマネジメント（rapport management）が，うまくいかなくなるかもしれない．また，アメリカ人が日本語を学習する場合にも，口頭試験などで日本語教師に「日本語上手になりましたね」とほめられると，初級学習者は「ありがとう（ございます）」と受け入れて答えるが，上級者は「いいえ，まだまだです」とやわらげて答え，よりよい評価が与えられるということである．韓国人の例もアメリカ人の例も母語からの影響による語用論的逸脱が観察される例である．英語のほめ言葉に対するやわらげ表現には日本語にない表現もあり注意すべきである．これについては高橋（2017）も参照されたい．

日本語談話では、かしこまった場面で、ソトの人からウチの人をほめられると、「愚妻」「愚息」のような謙遜表現を使うことがまだあるかもしれないが、これらを英語に直訳すると英語圏やヨーロッパでは大きな驚きや衝撃を与えるという。アメリカ人が自分を紹介するときは、たとえば、"I'm a carpenter from Ohio, living with my attractive wife and three beautiful daughters." などと、家族に関しても謙遜することはないからである。ただ、対人関係や状況次第で、このようなことに違和感をあえて感じさせてそこから談話を展開しようと話し手が意図していないとも限らない。指導者にとって大事なことは、言語事実の一部として談話のスタイルの違いを提示し、間違いであろうと意図的な自分のスタイル保持であろうと、結局、それを学習者の選択の問題とみなすべきであるということである。学習者に対する強制は学習者の人格を傷つけることにもなりかねないことに注意すべきである。

Ishihara and Cohen (2010) と石原・コーエン (2015) によると、次のような英語の談話には、アメリカ英語で一般的ではない表現が含まれている。

(33) a. "Nice job！" — "No, I didn't do well."
b. "What an unusual necklace. It's beautiful." — "Please take it."
c. "That's a nice shirt." — "You can have it."
　　　　　　　　　　　　　　　　　　［着ているTシャツを脱ごうとする］
d. "I like the color of your lipstick." — "Oh, thanks."

(33a) は、東アジア出身の英語学習者は、ほめられたことの喜びよりも、謙虚さを表現したいことから、否定の応答をしている。東アジア出身の英語学習者が女性で、容姿をほめられたら "No, I'm older and uglier." や "No, I don't (look great). Don't make fun at me. I know I'm just plain-looking." とさえ、応答する人がいるということである。(33b) もアメリカでは一般的ではないが、アラビア語圏ではよく使われるという。(33c) はスペイン語を母語とする人がほめられたものを提供しようとしているときの会話で、アメリカでは一般的ではないが、スペイン語圏ではあることであるという。(33d) は南米のスペイン語を母語とする男性による発話であるが、女性の外見に関するほめことばには社会的容認度に大きな差があり、スペイン語圏では女性の口紅の色を男性が話題にしてもいいかもしれないが、アメリカでは、個人的な問題に踏み込みすぎであると警戒される可能性があり、

一般的ではない．Ishihara and Cohen (2010) と石原・コーエン (2015) の別のスペイン語圏の男性が母語の表現を英語に直訳して，

(34) My god! So many curves and me without brakes!

と言って女性をほめた例もあげているが，スペイン語圏で受け入れられても，英語圏では不適切とされるということである．

このように，文化によってコミュニケーション・スタイルが異なるために，母語でのほめ言葉やその応答を直訳してしまうと本来の意図が伝わらず，誤解を生じることがある．しかし，話し手の中にはあえてそれを承知で自分のコミュニケーション・スタイルを保持しようとしている人もいるかもしれない．指導者は誤解を生じることがあるという認識を学習者と共有するように伝えていかなければならない．

4.3 自己開示とあいづち

日英対照言語学の語用論の習得において日本人の英語語用論の学習で一番の問題は，バーンランド (Barnlund 1976) 以来いわれていることだが，おそらく，日本人の，特に初対面時の自己開示 (self-disclosure) 度が低いことであろうと考えられる．岩田 (2015) は，自己開示をジェラード (Jourard 1971a, b) にしたがい，「個人的な情報を他者に知らせる行為」(act of revealing personal information to others) と定義している．英語圏の話者の英語談話では，自己開示することによって自己の個人情報を伝えることは，いわば自分の素を見せることであり，率直さや正直さにつながり，好感を持たれることになる．また自分を見せることで相手も心を開き自分を見せることにつながり，結果として相手との距離を縮めることにつながる．これら「正直さ」「率直さ」は英語談話では肯定的にとらえられる．一方，日本語話者の日本語談話では，自己開示がそもそもはじめから期待されていない．自己開示をあまりすると，「自分をひけらかしている」「自己主張が強い」などと思われてしまうことを恐れる．これは，日本人は自慢話を嫌うことや，それゆえ，日本文学には自伝文学がほとんどないことにつながっているといえる．アメリカ人はたとえ小さなことでも成功者のいうことに耳を傾ける．アメリカでは何らかの分野で成功した人は必ず自伝を書き，自伝文学が文学の一分野

として確立している．そのため日本語話者は，英語会話では「積極的に自己開示することを心得るように」といわれても，文化的習慣から心理的抵抗が大きいと考えられる．岩田 (2015) が西田 (1989) を引用して述べているように「英語での挨拶程度なら困らなくなった人が，その次の段階として，何を話せばいいのか，何を話題にすればいいのか，と考えるとき，切実に必要になる内容」であるので，適切な自己開示の時期やどこまで自己開示すればよいのかは，実は，日本人英語学習者にとって大きな問題なのである．

岩田 (2015) によると，英語母語話者同士の英語談話の場合，初対面であっても自ら自己開示し，あいづち（back channeling）をよく打ち，相手に質問をして相手にも自己開示を促している．岩田 (2015) の具体例をみてみよう．2010 年アメリカで行なわれたいずれも 20 代の学生・大学院生・IT 関係の仕事に就いている若者の 3 人の初対面会話である（@ は笑い，＝は 2 つの会話が途切れなく密着していることを示している）．

(35) [US31]
```
01 U2：Oh, I'm U2.
02 U3：Yeah, I'm U3.
03 U1：I'm U1.
04 U2：U1 and U2 [nice to meet you guys.]
05 U3：[Nice to meet you.]
06 U1：Nice to meet you guys.
07 U2：I'm from here.  I lived here about 8 years now, 7 to 8 years.  I was
08     born here 自ら自己開示
09 U1：Okay. あいづち
10 U2：but moved away.  How about you? 自己開示→質問
11 U1：Ah-California.  I came here for graduate school ah-advertising.  Yeah,
12     pretty much, it. コメント
13 U2：Where in California? 質問
14 U1：Bay area, so up by Bay San Francisco. 自己開示
15 U2：Okay cool. コメント
16 U1：Um-hum.
17 U3：I am from DC area.  I grew up in Northern Virginia and moved here
18     a year ago for for graduate school. 自ら自己開示
```

19 U2：A William & Mary shirt I see? 質問
20 U3：Yeah, that was, that's where I did my undergrad. 自己開示
21 U2：Okay. あいづち
22 U1：Nice. What are you guys studying respectively? 質問
23 U3：Ah — political science. 自己開示
24 U1：Okay. あいづち
25 U2：I, I did computer science here, but I am actually not in school
26　　　anymore. 自ら自己開示
27 U1：Awesome. あいづち
28 U3：Cool. あいづち
29 U2：Yeah, I just started a job as a freelance web developer, after a
30　　　summer of unemployment, and it's pretty. 自ら自己開示
31 U1：What did you prefer？ 質問
(All @@@)
32 U2：Oh, the unemployment was nice for about a month. @ 自己開示
33 U1：@Yeah, it's usually how it goes. コメント
34 U2：Yeah, I've just-I did computer science and I started working at
35　　　startups, and it's been really volatile ever since. 自ら自己開示
36 U1：Yeah. あいづち
37 U2：And now I am pulling like, like I think I worked for about 40 hours
38　　　Thursday and Friday straight. 自ら自己開示
39 U1：Oh man. コメント
(中略)
40 U3：I tied ah to double major as an undergrad in computer science and
41　　　political science, and eventually, the programming just got a lot.
42　　　I mean I was really good at hello world = 自ら自己開示
(U2：=@)

これに対して，日本人同士の初対面の日本語談話の例として，岩田 (2015) は以下の例をあげているが，あまり深い自己開示がなされていないし，聞き手もあいづちを打ちながら相手に話しをさせているだけで，英語のように相互の自己開示になっていないと指摘している（↑はイントネーションの上昇を表す）．

(36) [JP73]
01 J39：学校ー　ではど　んな勉強　さ　れてるんですか↑ [ふた] 質問

02 J33：［えと］僕ーは　あの　言語学を　やってます 自己開示
03 J35：おお あいづち
04 J33：でなんか英語の　文法の研究っていう 自己開示
05 J39：お［おー］ あいづち
06 J33：［感じ］なんですけど 自己開示
07 J35：難しそうですね コメント
　　　　［一同：＠］
08 J33：よくね　文法っていうと難しそうとか　言われるんだけど
09 　　　けっこうなんか　よく　言われてみれば［なんでだ］ろうみ
10 　　　たいな 自己開示
11 J35：［うん］ あいづち
12 J33：ことを　やっているんで 自己開示
13 J35：うん あいづち
14 J33：実はけっこうみんなに身近なことなんじゃないかなと 自己開示
15 J39：［うーん］
16 J33：［思うんです］けど

また，日本語談話では一般にあいづちは英語の2倍くらい多いといわれているが，岩田 (2015) は，あまり会話の展開を促さない「ああ，うん」など，同意や会話を理解していることを示すだけの非語彙的あいづちが多いと指摘している．そのことを示す例が以下である．2004 年の東京での3人の談話である（1, 2 などの数字は同じ数字の発話が重複していることを示す）．

(37) ［JP72］
01 J38：だからまあ　個人的にはですよ　あの　最終的な到達点はある
02 　　　程度やっぱり　描いて［おく必要ってのは1］やっぱりある
　　　　　　　　　　　　　　　　　　　　　　　　　　　意見，自己開示
03 J43：［うんうん　うん1］ あいづち
04 J38：基礎研究だからいいっていう［ことではなくて2］ 意見，自己開示
05 J43：［はいはいはい2］ あいづち
06 J38：基礎研究はこれがたか　もしできたら　例えばこんなこともで
07 　　　きる＝ 意見，自己開示
08 J43：＝はいはい［はいはい1］ あいづち
09 J38：［んじゃないか1］っていうところまで 意見，自己開示
10 J33：うん＝ あいづち

11 J38：＝考えてやっぱり研究する必要っていうのは［やっぱり文系で
12　　　　も1］僕はあると 意見，自己開示
13 J43：［うんうん1］ あいづち
14 J38：［思う2］んですね 意見，自己開示
15 J33：［うん2］ あいづち
16 J38：だから僕がさっき　偉そうなこと言いましたけど　それを　実
17　　　　際に　それを最終的な到達点として　あの　社会の認識を　少
18　　　　しでも［変えたいと1］ 意見，自己開示
19 J43：［はいはいはい1］＝ あいづち
20 J33：＝うん＝ あいづち
21 J38：＝いうふうに思ってる　それを動機付けてんのやっぱり友達が
22　　　　そういうので苦しんでるし　自分もやっぱ苦しい思いをしたり
23　　　　するので　え　それが少しでも変われば　それが絶対だとは思わ
24　　　　ないですけどね 意見，自己開示
25 J33：うん あいづち
26 J38：だけど　実際に自分が扱えるデーターっていうのは非常に限ら
27　　　　れた［ものですし1］ 意見，自己開示
28 J43：［ああ　はい1］＝ あいづち
29 J33：＝［うん2］ あいづち
30 J38：［そういう2］意味では基礎研究しかできない 意見，自己開示
31 J43：［うんうん3］ あいづち
32 J33：［うん3］ あいづち
33 J38：［ただ3］最終的な到達点は描いています 意見，自己開示
34 J43：ふ［ーん4］なるほど あいづち
35 J33：［うん4］ あいづち

ここで聞き手J43はあいづちを打ちながら相手に話しをさせているだけになっており，実は，これは多くの日本の民謡の型にもなっていることにも気づかされる．典型的な例として「北海盆唄」をAとBの談話のように表記すると以下のようになる．

(38)「北海盆唄」
　　　A：ハアー 北海名物
　　　B：ハア ドウシタ ドウシタ
　　　A：かずかず コリャ あれどヨ

B：ハア ソレカラドシタ
A：おらがナ おらが国さの コーリャ ソレサナ 盆踊りヨ
B：ハ エンヤーコラヤ ハ ドッコイ ジャンジャン コラヤ
A：ハアー 五里も六里も
B：ハア ドウシタ ドウシタ
A：山坂 コリャ 越えてヨー
B：ハア ソレカラドシタ
A：逢いにナ 逢いに来たのに コーリャ ソレサナ 帰さりょかヨ
B：ハ エンヤーコラヤ ハ ドッコイ ジャンジャン コラヤ
A：ハアー 主が歌えば
B：ハア ドウシタ ドウシタ
A：踊りも コリャ しまるヨ
B：ハア ソレカラドシタ
A：やぐらナ やぐら太鼓の コーリャ ソレサナ 音もはずむヨ
B：ハ エンヤーコラヤ ハ ドッコイ ジャンジャン コラヤ

自己開示をすることなくBは，特に質問をしているわけでもなくAの発話を促して囃し立てているわけである．

4.4　対人関係配慮型と情報探求会話協同構築型

前節でみたように，日本語の談話は対人関係配慮型談話といえる．一方，英語の談話は，情報探求型であり，協同構築していくものなのだととらえられているといえる．英語が(3b)の「的確」なコミュニケーション・スタイルで，グライス (Grice 1967, 1975, 1989) が(7)の協調の原理を設定しているのは，会話を協同構築物と考えているからであると考えられる．再び，岩田 (2015) から，2010年にオーストラリアのシドニーで行なわれた談話をみてみる．

(39) [AU42]
01 Au4：All my friends from universities like Japanese films and Tom Waits.
02 　　　There is this really clear cultural distinction between
03 　　　working-class Australians and middle-class and upper-middle
04 　　　class Australians. 意見，自己開示
05 Au7：But like do you see that as something that happened after they left

```
06        high school like something that was sort of cultivated. 質問
07 Au4： No, not at all.
08 Au7： Or was it already ＝ 質問
09 Au4： ＝ I think it starts at very young age. 意見，自己開示
10 Au7： Yeah. あいづち
11 Au4： I think that people are often of the impression that the key divisions
12        in Australia are ethnicity or religion or culture. But really the key
13        divisions in my opinion are class and socioeconomic background.
                                                                意見，自己開示
14 Au7： Mmm あいづち
15 Au4： It is far more important than other factors I think.
16 Au7： Yeah, I mean, it is, but I think ethnicity affects people's
17        employment opportunities. So I think that's true, but like does also
18        restrict because that restricts mobility and I don't think you can
19        really separate that from class in a sense. 意見，自己開示
20 Au4： Right.
```

ここでは，意見を述べ，自己開示し，それに対して質問し，その回答に意見を述べ，自己開示し，あいづちがあって，また意見をしながら自己開示していくという，まさに談話の協同構築になっている．

　大谷（2015）は，話題展開スタイルとして，2人の談話参加者が1つの話題の展開型について，相互に意見を述べあっていく「働きかけ型」と，基本的に一方が話し続けて他方はあいづちを打つだけとなっている「非働きかけ型」と呼ぶ2つの型を提示しているが，明らかに英語は働きかけ型であり，日本語は非働きかけ型である．大谷（2015）によれば，日本語会話では，相手へ質問することは，相手の「人に邪魔されたくない，自由でいたい，人から何かを課されたくない」というネガティブ・フェイス（negative face）を脅かすことになるかもしれないし，自分の無知をさらすことで，自分の「相手によく思われたい，自分の個性を認めてもらいたい」というポジティブ・フェイス（positive face）を傷つけることになるかもしれないという配慮を重視しすぎるため，あいづちや感嘆が多く，深く話の内容に関知していかない傾向があるという．一方，英語の会話は相手への関わりを重視している．

4.5 日本の英語教育への示唆

　日本の英語教育への示唆としては，前節の働きかけ型談話展開スタイルを導入することだが，大谷 (2015) は「かなりの困難を伴うだろう」と考えている．このような場合，まず，英語の談話はそのようなスタイルで行なわれるのだということを明示的に教えることが大切である．コミュニケーション・スタイルは，前述のように，学習言語にさらされていくうちに自然に習得されることは期待できない．また，コミュニケーション・スタイルは，知識として必ず教える必要があるが，談話で必ずそのスタイルにしたがえと強要すべきでもない．

　Ishihara and Cohen (2010) と石原・コーエン (2015) によれば，コミュニケーション・スタイルと限らず，語用論的誤りや逸脱がある場合，学習者が故意に規範から逸脱している語用論的選択 (pragmatic choice) をしている場合もある．どのような表現やコミュニケーション・スタイルをとるかとらないかは，結局，学習者個人の選択の問題である．一定の状況下で，語用論的規範の範囲内と思われる言動をいつどのように採用するかという判断は，指導者が語用論的規範を学習者が十分に理解し受動的語用論能力 (receptive pragmatic competence) があることを確認したうえで，学習者自身がすべきである．学習者の語用論的選択は尊重されるべきなのである．そうでないと，指導者による学習者への文化的価値観の押しつけや権力行使と解釈される恐れがある．願わくば，日本人の英語学習者が語用論的規範やコミュニケーション・スタイルの違いがあるのだということを，英語で説明してラポールマネジメントができるようになってもらいたい．

Q より深く勉強したい人のために

・八代京子・荒木晶子・樋口容視子・山本志都・コミサロフ喜美 (2001)『異文化コミュニケーション　ワークブック』三修社.
　　異文化コミュニケーションに関するワークブックである．日英語対照ではないし，英語力向上にも関係ないが，ほめ方，叱り方，謝り方などの言語コミュニケーションから，表情，ジェスチャー，タッチングなどの非言語コミュニケーションに至るまで，セルフチェックやエクササイズを通して異文化コミュニケーション能力をつけるのに役立つ．何度も版を重ねているロングセラーである．

・松尾文子・廣瀬浩三・西川眞由美（編著）(2015)『英語談話標識用法辞典—43の基本ディスコース・マーカー』研究社.

　コミュニケーション・スタイルを研究するうえで，談話標識の役割は欠かせない．辞書的に利用することはもちろんだが，巻末に「談話標識研究の歩み」「談話標識についての基本的な考え方」「談話標識研究の将来展望」も掲載され，「引用作品」「参考文献」「索引」も充実している．

・CARLA（Center for Advanced Research on Language Acquisition）のデータベース（http://www.carla.umn.ed/speechacts/）

　ミネソタ大学（University of Minnesota）のアメリカ政府の言語教育研究機関が提供する発話行為などの情報提供サイト．文化的コンテクストの中での語用論的ことば使いに関する中間言語・異文化間語用論などの領域の学術研究の成果を，現職の教員にも利用しやすいようにまとめたデータベースである．英語だけでなくスペイン語・ドイツ語・中国語・日本語・ヘブライ語などの言語についての発話行為の例なども利用できる．順次更新されている．

文　献

井出祥子 (1987)「現代の敬語理論—日本と欧米の包括へ—」『言語』**16**(8)：26-31.

井出祥子 (2006)『わきまえの語用論』大修館書店.

井出祥子・荻野綱男・川崎晶子・生田少子 (1986)『日本人とアメリカ人の敬語行動—大学生の場合—』南雲堂.

石原紀子・アンドリュー D. コーエン (2015)『多文化理解の語学教育　語用論的指導への招待』研究社.

岩田祐子 (2015)「日・英語初対面会話における自己開示の機能」津田・村田・大谷・岩田・重光・大塚 (2015) 37-91.

大井恭子 (1987)「「直線の論理」と「うずまきの論理」」『現代英語教育』1987年2月号：13-15.

大谷麻美 (2015)「談話展開スタイルの日・英対照分析」津田・村田・大谷・岩田・重光・大塚 (2015) 193-229.

小寺茂明 (1989)『日英語の対比で教える英作文』大修館書店.

小西友七・南出康世 (編) (2001)『ジーニアス英和大辞典』CD 版，大修館書店.

重光由加 (2015)「日・英語の男性初対面母語会話に見られる応答要求発話」津田・村田・大谷・岩田・重光・大塚 (2015) 93-134.

高橋潔 (2002)「「よろしく（お願いします）．」とその対応英語表現～Wierzbicka 意味論から見る語意と文化～」『宮城教育大学　外国語研究論集』2号：1-18.

高橋潔 (2012)「第5章　文の運用について—語用論—」西原哲雄 (編) (2012) 121-146.

高橋潔 (2017)「英語におけるほめに対する緩和表現—日英語の他動性の違いの観点から—」河正一・島田雅彦・金井勇人・仁科弘之（編）『仁科弘之教授退職記念論文集』埼玉大学教養学

部リベラル・アーツ叢書別冊2, 250-258.
高橋潔・西原哲雄（共著）(2013)『教養のための言語学』第2版，晃文社．
津田早苗・村田泰美・大谷麻美・岩田祐子・重光由美・大塚容子 (2015)『日・英語談話スタイルの対照研究：英語コミュニケーション教育への応用』ひつじ書房．
西田司 (1989)「人間関係における自己開示」西田・西田・津田・水田 (1989) 27-45.
西田司・西田ひろ子・津田幸男・水田園子 (1989)『国際人間関係論』聖文社．
西原哲雄（編）(2012)『言語学入門（朝倉日英対照言語学シリーズ1)』朝倉書店．
宮岡伯人（編）(1996)『言語人類学を学ぶ人のために』世界思想社．
文部科学省　日本ユネスコ国内委員会　国際連合教育科学文化機関憲章　(http://www.mext.go.jp/unesco/009/001.htm (2016年9月26日)
Leech, G.・池上嘉彦 (2007)『ロングマン英和辞典』ピアソン・エデュケーション・桐原書店．
Barnlund, D. (1975) *Public and Private Self in Japan and the United States: Communicative Styles of Two Cultures*, Tokyo: Simul Press.（西山千・佐野雅子（訳）(1979)『新版　日本人の表現構造』サイマル出版）
Brown, P. and S. C. Levinson (1987) *Politeness: Some Universals in Language Use*, Cambridge: Cambridge University Press.（田中典子（監訳）斉藤早智子・津留﨑毅・鶴田庸子・日野壽憲・山下早代子（訳）(2011)『ポライトネス　言語使用における，ある普遍現象』研究社）
Chafe, W. (1982) "Integration and Involvement in Speaking, Writing, and Oral Literature," in D. Tannen (1982) 35-53.
Clancy, P. (1986) "The Acquisition of Communicative Style in Japanese," in B.B. Schieffelin and E. Ochs (1986) 213-250.
Cole, P. and J. Morgan (eds.) (1975) *Syntax and Semantics 3: Speech Acts*, New York: Academic Press.
Connor, U. and R. B. Kaplan (eds.) (1987) *Writing across Languages: Analysis of L2 Text*, Reading, Mass.: Addison-Wesley.
FitzGerald, H. G. (2003) *How Different Are We?: Spoken Discourse in Intercultural Communication*, Clevedon: Multilingual Matters.（村田泰美（監訳）大塚容子・重光由美・大谷麻美（訳）(2010)『文化と会話スタイル―多文化社会・オーストラリアに見る異文化間コミュニケーション―』ひつじ書房）
Grice, P. H. (1967) *Logic and Conversation*, Unpublished Manuscript, from the William James Lectures 1967, Harvard University.
Grice, P. H. (1975) "Logic and Conversation," in P. Cole and J. Morgan (1975) 41-58. Also in Grice P. H. (1989) 21-40.
Grice, P. H. (1989) *Studies in the Way of Words*, Cambridge, Mass.: Harvard University Press.（清塚邦彦（訳）(1998)『論理と会話』勁草書房）
Gudykunst, W. B., S. Ting-Toomey and E. Chua (1988) *Culture and Interpersonal Communication*, Thousand Oaks, California: Sage Publication.
Hall, E. T. (1976) *Beyond Culture*, New York: Doubleday.（岩田慶治・谷泰（訳）(1979)『文化を越

えて』TBS ブリタニカ)
Hall, E. T.（1983）*The Dance of Life: The Other Dimensions of Time*, New York: Doubleday.
Hinds, J.（1987）"Reader versus Writer Responsibility: A New Typology," in U. Connor and R. B. Kaplan（1987）141-152.
Hofstede, G. and G. J. Hofstede and M. Minkov（2010）*Culture and Organizations: Software of the Mind: Intercultural Cooperation and its Importance for Survival*, New York: McGraw Hill.（岩井八郎・岩井紀子（訳）大阪商業大学JGSSセンター（編集協力）(2013)『多文化世界［原著第3版］違いを学び未来への道を探る』有斐閣)
Ide, Sachiko（1989）"Formal Forms and Discernment: Two Neglected Aspects of Universals of Linguistic Politeness," *Multilingua* 8(2/3): 223-248.
Ishihara, N. and A. D. Cohen（2010）*Teaching and Learning Pragmatics Where Language and Culture Meet*, New York: Routledge.
Jourard, S. M.（1971a）*Self-disclosure: An Experimental Analysis of the Transparent Self*, New York: Wiley Interscience.
Jourard, S. M.（1971b）*The Transparent Self*, New York: D. Van Nostrand.
Lakoff R.（1984）"The Pragmatics of Subordination," *Proceedings of the Tenth Annual Meeting of the Berkeley Linguistics Society* 10: 481-492.
Locke, J.（1690）*An Essay Concerning Human Understanding*, London: Clarendon.（大槻春彦（訳）(1972)『人間知性論』岩波書店)
Nitobe, I.（1931）*Bushido: The Soul of Japan*, New York: Scribner's.（矢内原忠雄（訳）(1938)『武士道』岩波書店)
Rihabny, A. M.（1920）*The Syrian Christ*, London: A. Melrose.
Schieffelin, B. B. and E. Ochs (eds.)（1986）*Language Socialization across Cultures*, Cambridge: Cambridge University Press.
Spencer-Oatey, H.（2008）"Face, (Im) politeness and Rapport," in H. Spencer-Oatey (ed.)（2009）11-47.
Spencer-Oatey, H. (ed.)（2009）*Culturally Speaking: Culture, Communication and Politeness Theory*, Second Edition, New York: Continuum International.（浅羽亮一（監修）田中典子・津留﨑毅・鶴田庸子・熊野真理・福島佐江子（訳）(2004)『異文化理解の語用論―理論と実践―』研究社)
Takahashi, K.（1993）"By the Way/ Incidentally and Tokorode,"『宮城教育大学　外国語科研究論集』9号：49-58.
Tanaka, N., H. Spencer-Oatey and E. Cray（2008）"Apologies in Japanese and English," in, H. Spencer-Oatey（2008）73-94.
Tannen, D.（1982）*Spoken and Written Language: Exploring Orality and Literacy*, Norwood, New Jersey: Ablex.
Wierzbicka, A.（2006）*English: Meaning and Culture*, Oxford: Oxford University Press.

第5章 言語獲得

鈴木　渉

　読者の多くは，日本語を母語として獲得した後に，英語を外国語（第二言語）として学習したであろう．そして，外国語である英語を，小・中・高等学校，大学（大学院）と苦労して学習し続けてきたのにもかかわらず，流暢にしゃべれない，満足のいくレベルに達しないという感覚を持っているのではないだろうか．一方，母語である日本語はどうであろうか．振り返ってみて，日本語を獲得するのに苦労した覚えはないのではないだろうか．おそらく，母語である日本語を相当の努力をして獲得（学習）したという記憶は持っていないと思われる．しかし，子どもにとって，母語を獲得することは本当に楽なことなのであろうか．本章では，子どもは，イソップ童話の「ウサギとカメ」のカメのように，複雑な言語をこつこつと着実に獲得していくということを解説していきたい．

　論を進めるに当たってまず断っておきたいことは，本章では，言語獲得研究の中心的課題である初期の言語獲得や発達のみ取り上げるということである．ここでの言語の役割は，目の前にいる人といまここでコミュニケーションするツールである．つまり，話し言葉の獲得や発達について言及していくということである．しかし，言語の役割はそれだけにとどまらない．我々は，言語を用いて，目の前にいない人に対して，いまここで起きていないこと（過去や未来のこと）を伝えあったりもしている．いま筆者がこうやって本稿を書いているのがまさにそうであろう．幼稚園や小学校に入り，子どもは文字をどのように習得していくのか，どのように文章を読んだり，書いたりすることができるようになるのか，つまり書き言葉の獲得や発達も重要な研究課題である（針生 2006）．

5.1 理論

5.1.1 生得説

　言語獲得という現象は，言語学者のみならず，心理学者や脳科学者その他を魅

5.1 理論

了してきている．言語というのは，人間特有の能力の1つであると主張する研究者が多い（言語特有ではないと主張するものもいるが）．さらに，1970年代にアメリカのロサンゼルスで保護されたジニー（Genie）とオハイオ州で発見されたイザベラ（Isabelle）の事例からわかるように，ある一定の時期を過ぎると，言語獲得が難しくなることがわかっている．ジニーは，人間の言語にほとんど触れずに13歳まで隔離されて過ごしている（Curtis 1976）．発見された後，数百の語彙やフレーズは獲得したものの，形態素の獲得に時間が非常にかかったり，複雑な文法は獲得できなかったりしたようである（Curtis 1976）．たとえば，冠詞，過去形形態素 ed，代名詞 I，助動詞 must などは非常に難しかったようである（Curtis 1976）．一方，イザベラは，聴覚障害で口がきけない母親と言語にまったく触れない状態で一緒に隔離され生活してきたところを，6歳半で発見されている．訓練の末，イザベラは，8歳になる頃には同じ年齢の子どもたちの言語能力に追いついたのだという（Mason 1942）．ジニーとイザベラのような現象を契機として，レネバーグ（Lenneberg, E.）をはじめとする心理学者や言語学者が，臨界期仮説（Critical Period Hypothesis: CPH）を提唱するようになった（Lenneberg 1967）．臨界期仮説とは，いわゆる母語話者のようなレベルに達するためには，ある一定の時期（たとえば思春期前）までに，言語に触れる（獲得される）必要があるという仮説である．現在では，臨界期ではなく，敏感期（sensitive period）という表現も使われているが，ここでは臨界期で統一する．

　言語学者のチョムスキー（Chomsky, N.）は，言語獲得装置（language acquisition device: LAD）という概念を提唱したことで有名である（Chomsky 1957）．言語獲得装置とは，子どもが人間の言語を理解したり表現したりする際に使用するこころ（mind）の仮説的な場所のことである．チョムスキーは言語獲得装置が生得的であり，人間の脳に特有のものであると信じていた．チョムスキーは，比較的通常の環境でかつ生まれつき障害がなければ，幼児の言語は成熟し，花のつぼみが開くように発達すると主張している．さらに，チョムスキーは，普遍文法（universal grammar）という概念を提唱し，人間の言語は何らかの共通性を有していると考えた．普遍文法のおかげで，幼児が大人になってしゃべる言語を学ぶことができると考えられている．言語獲得というのは，チョムスキーをはじめとする生得説（nativist explanation）を提唱する研究者にとっては，学習（learning）

というよりも,成熟といったほうがふさわしいのかもしれない.

ここで,赤ちゃんが歩けるようになるプロセスを考えてみればわかりやすいであろう.通常の環境でかつ生まれつき障害がなければ,赤ちゃんは1歳になるころには歩き始めるようなるといわれている.文化によっては,数週間その時期が早まったり遅くなったりすることがあるようであるが,この歩くという現象は,世界中の赤ちゃんがほぼ同じ年齢でできるようになるとされている.歩くことやそのほかのモータースキルは,幼児が筋肉をつけはじめると,自然とできるようになるものであり,観察して学んだり,強化される(褒められたり,間違いを指摘されたりする)必要はなさそうである.

チョムスキーらの生得説を提唱する研究者たちはなぜ言語獲得が学習ではなく成熟であると考えたのであろうか.その1つの理由に,刺激の貧困(poverty of the stimulus)という考え方が根底にある(Rowland 2013).簡潔にいえば,幼児の一般的な(限られた)学習能力や環境が与える(質と量ともに限られた)情報を考えれば,幼児が驚異的なペースで言語を獲得したり(4歳までには十分にしゃべることができる),非常に複雑で抽象的な言語知識を獲得したりすることはできないという考え方である.ゆえに,子どもは,どの言語にも共通するような抽象的な知識(普遍文法)を備えて生まれてきていると考えられたのである(Chomsky 1957).幼児がすばやく,容易に,教えられずに,言語を獲得するという事実を前にすれば,それを可能にするこころの仕組みは学習ではなく成熟とでも呼ぶしかないであろう.

5.1.1 項の要約

言語(特に文法)生得説を唱える研究者は多い.生得説に基づけば,人間が無限の可能性がある言語の1つを早く獲得することができるのは,人間が人間特有の言語獲得装置を持って生まれてくるからなのである.

5.1.2 学習説

生得説も批判がないわけではない.さらに,生得説の研究者が言語のすべての側面が生得的だと主張しているわけではないのにも注意が必要である.どの部分が生得的で,どの部分がそうでないのか,つまり,後の学習(経験)によって,獲得されるものなのかは,現在も論争中である.ここでは,生得説と対立するも

のとして，学習説（learning explanation）を取り上げる．特に，学習説を支持する理論である，用法基盤学習（usage-based learning）と，統計学習（statistical learning）の考え方を取り上げる（Rowland 2013）．

用法基盤学習を提唱しているトマセロ（Tomasello, M.）は，言語が生得的なシステムであるという考え方に異議をとなえている研究者の1人である．用法基盤学習の考え方は，幼児が，語彙や語用論的な知識と同様の方法，つまり，学習を通して文法も獲得しているというものである．トマセロ（Tomasello 2006）によれば，2, 3歳児は1日平均5000〜7000の発話を聞いている．その発話の多数を占めていると考えられる母親の発話の半数は，ある程度のパターンに限られているそうだ．たとえば，英語であれば，"Are you....?"，"It's....."，"Can you....?"，"Here's..."などのパターンである．この種のパターン化された発話を何度も何度も繰り返し聞くことによって，子どもは動詞や名詞のルールを獲得することができるようになるという．トマセロによれば，このような言語学習を可能にするこの種の能力は，何も言語に限ったことではなく，発話者の意図を読む能力，パターンを認知する能力，聴覚および発話能力である（Tomasello 2003）．このような能力があれば，言語特有の生得的な能力を仮定する必要はなくなると考えられている．

統計学習（statistical learning）とは，周りの複雑な環境をコンピューターのようにスキャンし，その中にルールをみつけるという幼児の驚くべき学習メカニズムのことである（Aslin and Newport 2012, Saffran 2009）．幼児は，言語を獲得する前から，誰からも教わることはなく，無意識的に統計学習を行なっているとされている．言語について考えてみよう（Saffran et al. 1996）．幼児が父親から自然な音声で pretty baby という言葉をはじめて耳から聞いたとき，その音は pretty と baby のように単語ごとに区切られておらず，[prettybaby] のように1つの単語のように聞こえるはずである．どうやって，幼児は，知らない言葉を聞いたとき，切れ目なく流れてくる音を単語（pretty）と単語（baby）に区切ることができるのであろうか．サフランらは，ある音の後に別の音が続いて生起する確率に注目している．これを，遷移確率（transitional probability）という．英語では，1つの単語で [pre] と [ty] が続く確率は高いのに対して，[ty] と [ba] が続く確率はずっと低くなる．[ty] と [ba] が続くのは，pretty baby のように単語と単語に分か

れているときであって，1つの単語の中では生じない．このようなルールを，8カ月の幼児は学ぶことができるということが実験で示されている（Saffran et al. 1996）．このように，統計学習の考え方に基づけば，言語に特有な生得説を仮定する必要はないであろう．

もちろん，学習説に批判がないわけではない．たとえば，学習説のみで複雑で抽象的な言語知識の獲得を説明できるであろうか．また，用法基盤学習と統計学習は表層では同じ学習説であるが，想定しているメカニズムはかなり異なっていて，究極のところ言語獲得のメカニズムは何なのかが不明であるという批判もある．さらに，学習説が提唱するようなメカニズムは人間特有ではないにしろ，人間の言語とチンパンジーや鳥の言語では大きな違いがあり，その差を説明しきれていないとされている．

5.1.2 項の要約

研究者全員が言語生得説に立っているわけではない．子どもが触れている発話を分析し，その発話には一定のパターンがあり，そのパターンのおかげで言語獲得が可能になっていると主張する研究者も多い．近年の統計学習の考え方もその主張を支持している．

5.1節で概説してきたように，言語は生得的か経験的に獲得されるという話題は，言語獲得研究の中心の話題であり，現在のところどちらが正しいかということはいえないであろう（Rowland 2013）．以下の節では，言語のさまざまな分野（音声，語彙，文法，語用論）がどのように発達していくのかを概説する．

5.2 音の発達

幼児や子どもはいつどのように音を認識したり，産出したりできるようになるのであろうか？　本節では音声の発達を中心に扱う．5.2.1項では音声の聴解・理解について，5.2.2項では音声の産出について論じる．

5.2.1 聴覚・理解

赤ちゃんが胎内にいるときから言語獲得は始まっているということを聞いたことはないだろうか．まず，胎児が音に注意を払っていることを発見したこの分野

で最も有名な研究の1つであるディキャスパー（DeCasper, A.）とスペンス（Spence, M.）の1986年の実験を紹介したい（DeCasper and Spence 1986）．この実験では，出産2カ月半前の妊娠中の母親に毎日二度"The Cat in the Hat"という物語を生まれてくる赤ちゃんに読みきかせ，その様子を録音している．出産3日後に，赤ちゃんに録音を聞かせると，別の物語の音声を聞くよりも，強くおしゃぶりをくわえることがわかった．この結果から，赤ちゃんが，子宮にいるときから物語の音に注意を向けていたため，聞き慣れた音には強く反応したのだと解釈されている．おそらく，胎内にいるときから，何をいっているかはわからないが，ストレス，イントネーションなどのリズム的な特徴を聞いているのであろう．これまでもさまざまな研究が行なわれており，新生児は母親の声を，別の女性の声より好んで聞く傾向にあること（Decasper and Fifer 1980），母語を外国語よりも好んで聞く傾向にあること（Moon et al. 1993）などがわかっている（Rowland 2013）．これらの研究成果から，赤ちゃんは母語のリズム的な特徴に関する知識をすでに持ってこの世界に誕生していると考えられるのである．

　胎内にいるときから言語のリズムを聞いている（注意を払っている）ことや，生まれたばかりの赤ちゃんがリズム的な特徴を区別することができるというのは驚くべきことである．しかし，言語の音声認識というのはそれだけにとどまらない．たとえば，5.1.2項で簡単に説明したように，［prettybaby］が1つの単語ではなくてprettyとbabyという2つの単語からなっているということを認識できなければならない．ここでは，乗り越えなければいけないもう1つの壁について紹介したい．それは，赤ちゃんが，意味が変わる最小の単位である音素をどのように切り分けるのか，ということである．英語の［b］と［p］の音素で考えてみよう（Rowland 2013）．英語にとってはこの区別は重要である．なぜなら，音を聞き間違えると意味が大きく異なるからである．たとえば，bat（バットで打つ）とpat（なでる），pet（ペット）とbet（賭け事），bill（紙幣）とpill（薬），buck（雄ジカ）とpuck（妖精）である．このように，音は似ているが意味が異なる音素を1歳に満たない赤ちゃんはどのように区別するのであろうか．赤ちゃんは，［b］と［p］などの音素の微妙な違いに敏感なので，聞き分けることができるとお考えの読者もいるかもしれない．しかし，ことはそう単純ではない．まず，常に同一音素が同じように発声されるとは限らないのである．たとえば，男性の声は一般的に女

性よりも低いので，音素は異なって聞こえるであろう．また，同じ人が同じ音素を二度発話したとしても，早くしゃべる場合とおそくしゃべる場合では，異なって聞こえるであろう．さらに，pat や pet のように p が単語の最初にある場合と，mop や top のように単語の最後にある場合では，p の音が異なるのである．そして，pet でも，文頭，文中，文末のどの位置で出現するかによって，p の音が異なることが知られている．これを調音結合（co-articulation）という（Hoff 2014）．このように，[p] の音声ひとつとっても，このように複雑なのに，赤ちゃんはそれほど重要ではない違い（さまざまな [p] の音声）と意味が異なる違い（[b] と [p]）をどのように切り分けるのであろうか．

　面白いことに，赤ちゃんは，2つの音素を区別できることがわかっている．つまり，彼らは，自動的かつ楽々と，[b] や [p] の音素をそれぞれ [b] と [p] に分類し，上述したようなさまざまな [b] の音でも [b] という1つの音素に分類することができるようになるということなのである．これをカテゴリー知覚 (categorical perception) という．この現象を証明した実験として，リスカー (Lisker, L.) とアブラムソン (Abramson, A.) が有名である（Lisker and Abramson 1970）．彼らは，コンピューターに [b] と [p] を発声させ，実験参加者の大人にそれが [p] か [b] のどちらかを判断させた．[b] と [p] の音は，有声開始時間 (voice onset time：VOT)，つまり，閉鎖音の破裂から声帯振動開始の時間，以外は，すべて同等にしている．実験の結果，VOT が 0.3 以下の音の場合は [b] として，VOT が 0.3 以上は [p] としてそれぞれ認識される傾向があることがわかった．この実験を通して，大人のカテゴリー知覚は証明されたものの，1歳に満たない赤ちゃんは果たしてカテゴリー知覚を行なうことができるのかという疑問は残る．その疑問に答えたのが，エイマス (Eimas, P.) らの実験である（Eimas et al. 1971）．彼らは，生後1カ月から4カ月の赤ちゃんを対象とした実験を行ない，カテゴリー知覚の存在を証明している．おしゃぶりを利用し，生後間もない赤ちゃんも，さまざまな [b] の音声は1つの [b] という音に分類し，[b] は [p] と異なると認識していることが示された．これら以降にも検証実験が行なわれ，新生児はカテゴリー知覚が可能だと考えられている（Rowland 2013）．

　本書の趣旨（心理言語学の言語教育への貢献・応用）に照らし合わせて，これまでの音声知覚研究で特に興味深い研究成果を1つ紹介する．生後半年の赤ちゃ

んであれば，母語以外の言語の音声も区別できるのだが，その能力は生後1年ぐらいで失われるということである．そのことを証明した最も有名な実験であろうワーカー（Werker, J.）とテス（Tess, R.）の研究を最後に紹介したい（Werker and Tess 1984）．彼らは，生後6カ月から12カ月後の英語を母語とする赤ちゃんに，2つの外国語（ヒンドゥー語とアメリカの原住民の言語）の音素を聞かせた．どちらの外国語の音素とも英語にはない音素である．実験の結果，赤ちゃんの外国語を認識する能力は年齢があがるとともに下降線をたどるものの，6～8カ月の赤ちゃんは，10～12カ月の赤ちゃんよりも，音素認識の成績がよいことが明らかになった．当然ながら，それぞれの外国語を母語とする11カ月の赤ちゃんはそれぞれの言語の音素の違いを聞き分けることはできたのである．これらの結果から，生後1年もすると，自分の母語に必要な区別はできるようになる一方で，自分の母語では区別しない音の違いにはあまり注意を払わなくなると考えられている．少なくとも，赤ちゃんはある特定の言語（たとえば母語）の専門家になるまえに，あらゆる言語の音声を獲得できる「地球市民」であるといえるかもしれない（Kuhl 1993）．

5.2.1 項の要約

生後1カ月で，赤ちゃんは2つの音を別々の音だと認識することができる．つまり，同じ音のさまざまな種類を別の音だとは認識していないのである．まず，幼児はさまざまな言語の音をカテゴリカルに区別することができるが，1年もすると，母語に不必要な区別の音（たとえば外国語）を認識することはできなくなる．

5.2.2 産 出

1歳になる頃には，単に音を聞き分けているだけではなく，母語に近い形で音を発するようになる．ここでは新生児の言語産出について解説する．生まれたばかりの赤ちゃんはさまざまな音を出すが，その大半は泣いている声であろう（Hoff 2014）．そのほかには，くしゃみをしたり，おくび（げっぷ）をしたり，おしゃぶりなどといったvegetative soundsである．これらは言語ではないと考えられるかもしれないが，コミュニケーションの機能はあり，かつ，声帯が振動し，空気も送られてくる．ゆえに，前言語的な音声産出であると考えられる．

生後2カ月ともなると，赤ちゃんは複雑な表情や生き生きとした表情をみせ，笑うようになる（Hoff 2014）．それに伴って，「あー」「うー」とか音（母音）を出すようになる．これをクーイング（cooing）という．

生後4カ月になると，大人にも赤ちゃんが笑っているのがわかるようになる．このころになると，キーキーといったり（泣いたり），うなったり，かすれたような音を出したりするようになる（Hoff 2014）．

6～9カ月くらいになると，意味のないおしゃべりをするようになる．これを喃語（babble）という．子音と母音の両方を伴った音節を発するようになる．喃語の最初としては，英語ではraraとかgoogoo，日本語では「わわわ」「まままま」のような繰り返しの音節である．赤ちゃんはコミュニケーションの意図を持っては喃語を発してないようにみえるかもしれないが，この頃になると，赤ちゃんは，ゆりかごに1人で心ゆくまで座り，がむしゃらに喃語を発するようになるのである（Hoff 2014）．

9～12カ月にもなると，赤ちゃんは少しずつではあるが，間主観性（inter-subjectivity）を示すようになる（Hoff 2014）．間主観性とは，他者（特に母親や世話をしてくれる人）と調和しながら，思考統制（mental control）を共有したり，一緒に行動したり，経験を共有したりするということである．赤ちゃんは，他者や物体と同時にやりとりしたり，じっとみつめることによって，人々の注意をあるモノに向けさせたり，それをとらせたりすることができるようになる（Tomasello 2003）．厳密にいえば，間主観性は言語産出ではないが，言語を補助するものであり，会話の相手をコミュニケーションのやりとりに注目させるための機能を持っている．この頃の赤ちゃんは，ジェスチャーを使うことで，頼んだり，要求を命令したりすることもできる．たとえば，大人にあるモノを拾ってほしいときに手をあげたり，手の届かないモノが欲しいときに指で指したりするのである．このようなジェスチャーは，赤ちゃんのコミュニケーションの意思を表していると考えられ，将来の記号によるコミュニケーションのための橋渡しである．

5.2.2 項の要約

まとめると，生後半年にもなれば，前言語的な音を出す段階から，クーイングをしたり，喃語を発したりするようになる．6～12カ月の赤ちゃんは，間主観性を示すようになり，他者やモノと，心理的な経験や知覚的な経験を共有するよう

になる．これが将来の言語によるコミュケーションの素地となっていると考えられている．

5.3 語彙の発達

1歳の誕生日を迎える頃には，赤ちゃんははっきりと聞き取れる言葉を話すようになる．ただ，その頃の発話は，ball をみて ba とだけで表現するように，大人の発話とは完全に一致しないであろう．しかし，大人が話す単語にだいたい近く，モノや出来事を一貫して指し示すようになる．原始語（proto word）を話すような赤ちゃんもいる．原始語は，喃語と最初の単語の中間のようなものでもあるが，作られたものである（Hoff 2014）．語彙の発達は言語獲得において重要なステージである．赤ちゃんの語彙獲得が非常にゆっくりとしたペースで進むことがよくわかる映像としてロイ（Roy, D.）の TED Talk を紹介する（https://www.ted.com/talks/deb_roy_the_birth_of_a_word）．ここでは，赤ちゃんが gaga から water という単語へ半年かけて学習する様子が視聴できる．

　最初の言葉は，大人や子どもと比較すれば，ある特定の文脈にかなり強く結びついている．たとえば，duck という言葉は，ある特定の duck（たとえば，お風呂で使っているゴムで作られた黄色の duck）しか指しておらず，本物の duck でもないし，庭で遊ぶときに使っている同じおもちゃの duck も指さないことがある．つまり，赤ちゃんが考える単語というのは，我々大人が考えるような単語の意味とは少し異なっているのである．面白いことに，duck がさまざまな duck に使えるということが理解できるようになるのは，数週間から数カ月くらいかかるのである（Rowland 2013）．これを単語の脱文脈化（decontextualization）という．

5.3.1 First fifty

　ネルソン（Nelson, K.）は，18人の赤ちゃんを対象とし，彼らが最初に話す50個の単語は何かを調べている（Nelson 1973）．彼女は，赤ちゃんが12～15カ月くらいから，25カ月まで家を訪問している．ネルソンは，母親に子どもが自発的に話した最初の言葉を記録するように指示している．その記録を分析し，単語を5つの大まかなカテゴリーに分類している．ネルソンの論文自体は100ページを超

えるため，さまざまな興味深い結果があるが，ここでは3点だけに注目したい．

まず，カテゴリーの頻度である．その主な内訳は，ball, water, doggie, man などの一般名詞（general nominal）が51%，Mammy や Rover のような特定名詞（specific nominal）が14%，down, up, see のような動作語（action word）が13%であった．pretty, red など修飾語句や what, for などの機能語（function word）などは非常に少ないことがわかった．

2つ目の結果は，上述した脱文脈化が起こるというものである．ネルソンは，最初に獲得された10単語を1セットとして，5セットまで作り，それらをカテゴリーごとに分類した．その結果，1セット目は一般名詞が40%強で，特定名詞が25%強であったのに対して，5セット目にもなると，一般名詞は60%強で，特定名詞は10%強である．徐々に一般名詞は増え，特定名詞が減る傾向にあることを発見している．

3つ目の結果は，初期の語彙発達は個人差が大きく，環境に影響を受けるということである．ネルソンが調べた半数の子どもはモノの名前を最初に発話するのに対して，残りの半分は ouch や please などのような語を発する傾向があったという．

First fifty の特徴としてあげられるのが，過剰般化（over-extension）と過小般化（under-extension）である（Rowland 2013）．上述したように，赤ちゃんにとって，duck はお風呂場の黄色のゴムでできたおもちゃを指し，庭においてあるまったく同じ duck は duck と呼ばないことがある．これが過小般化である．一方，過剰般化とは，子どもが"dog"を，家で飼っているペットの dog にも，dog ではない馬や牛のことも指して dog というという現象である．

5.3.1 項の要約

1歳の誕生日にもなれば，赤ちゃんはいわゆる単語を発するようになる．最初の単語は，彼らの身の回りにある（いる）物，動物，人などの名前である．しかし，これらの単語には過剰般化や過小般化がみられる．

5.3.2 語彙の増大

読者の多くは，大学受験や英語の資格試験のため，英単語のリストを必死に覚えようとした経験はないだろうか．筆者も受験勉強のため毎日通学列車の中で英

単語帳をみていたが，その際に使っていた本は2000語に満たない数であったにもかかわらず，なかなか暗記できず苦労したのをいまでも覚えている．ある研究によれば，英語の母語話者は18歳までに毎日13語を覚えるという（Hoff 2014）．平均的なアメリカ人大学生は英単語を15万程語知っているという．外国語と母語では異なると思われるかもしれないが，新しい単語を覚えるという意味では，赤ちゃんや子どもも高校生の筆者にも共通点がある．しかし，高校生の筆者は2000語を覚えるのに非常に苦労したのに対し，赤ちゃんや子どもはやすやすと何万語の単語の意味を獲得しているようにみえるのである．

　18カ月頃になると，ものには名前があるということがわかるようになってくる（Caminoi 2001）．これを，命名の洞察（naming insight）という．このことが，語彙の発達の引き金になると考えられている．急に，新しい語が次々と獲得されるようになるのである．アングリン（Anglin, J.M.）によれば，小学校に入る頃には（6歳），1万語を獲得しているという（Anglin 1993）．18カ月の子どもが50語であったことを考えると，6歳までに1万語になるには，一日平均5.5語覚えなければならないことになる．18歳になるまでには，毎日13語覚えるというような研究もある（Bloom 1998）．このような語彙の急激な発達はどうして可能なのだろうか．

　その1つの秘密を，ケアリー（Carey, S.）は即時マッピング（fast mapping）と名づけた．ここでは彼女の実験を紹介しよう（詳細はCarey and Bartlett 1978）．ケアリーは，3，4歳を対象として，オリーブ色という単語を教える実験を行なっている．事前にテストをすると，緑色だと思っている子が多く，誰もオリーブ色という単語を知らない．実験では，色以外は同じ2種類のコップ（オリーブ色と赤い色）が用意された．保育士は「オリーブ色のコップを持ってきて．赤色のコップじゃないよ．オリーブ色のコップだよ」といって，子どもにコップをとらせようとした．4人はオリーブ色という単語に近い音を発したり，オリーブ色のコップを持って「こっち？」と確認したりした．6週間後テストをすると，誰もオリーブ色とは答えられなかったものの，14人中8人は事前のテストとは別の単語（灰色，青色，茶色）を発することがわかった．これらの結果は，上述のような単純なやりとりだけでも，子どもは語彙知識を再構築することができると解釈されている．

ケアリーの実験は3,4歳時だから可能で，もう少し小さい幼児にとって語彙学習は困難なのではないかと考える方もいるのではないだろうか．しかし，これまでの研究によれば，1,2歳の幼児（6カ月の赤ちゃんでも！）であっても語彙学習を行なっていると考えられている（Hoff 2014）．ただ，注意したいのは，上記のケアリーの実験でも，オリーブ色という単語を発話できた子はいないということである．このように，幼児が行なっている語彙学習は，最初は非常にゆっくりしたペースで進むことがわかっている

5.3.2 項のまとめ

歩き始めるようになり幼稚園に通いはじめると，語彙は増大していく．18カ月で50語だったものが，卒園するころには10000語に増える．

5.3.3 語彙学習の制約

ケアリーの実験を思い出してほしい．保育士は幼児に赤い色のコップではなくオリーブ色のコップを持ってくるように告げて，子どもは赤い色のコップではなくオリーブ色のコップを持っていくという実験結果であった．つまり，赤という色を知っている幼児は，一度も聞いたことのないオリーブ色という単語を聞いて，目の前にある赤色ではない別の色がオリーブ色なのだとマッピングしたからこそ，オリーブ色のコップを持ってきたのである．このことが可能になるためには，1つのモノには1つの名前があるという原理・原則を知らなければならない．この原理のことを相互排他性原理（mutual exclusivity principle）という（Markman 1989）．語彙学習には，相互排他性原理以外に2つの制約があることが知られている（Rowland 2013）．

次に紹介するのが，事物全体原理（whole object principle）である（Markman 1989）．幼児とお父さんが動物園に遊びにいった場面を想像してほしい．ライオンをみて，お父さんがライオンのほうを指さしながら，抱いている幼児に「ほら，ライオンだよ．」と発したとしよう．幼児は，ライオンという音声とライオンという目の前にいる動物を結びつける（マッピングする）ことで，ライオンという音声を獲得する．しかし，ことはそう簡単ではない．ライオンという音声をはじめて聞いた場合，それがライオンのふさふさした毛ではなく，ライオンの後ろにある木でもなく，ライオンの体の一部（たとえば顔や足）でもなく，ライオンとい

う動物の全体であることを指すということを，幼児は知っていなければならないのである．これを事物全体原理という．この原理を知っているおかげで，幼児は動物園を進んでいくうちに，パンダ，ゾウ，キリンという新しい単語を聞いて，それぞれが動物の全体を指しているのだと理解し，マッピングを行なっていくのである．

最後に紹介するのが，事物カテゴリー原理（taxonomic principle）である（Markman 1989）．例を考えてみるとわかりやすい．子どもの2歳の誕生日に，秋田犬を買い，「ほら〜ワンワンがきたよ〜」といったとしよう．翌日，散歩をしていると，その子どもは，出会うさまざまな種類の犬に対してワンワンといったり，ネコをみてもワンワンといったりするようになる．このように，新しい単語（ワンワン）は，特定のもの（秋田犬）を指すのではなく，他の似ている対象（チワワやネコ）にも拡張して使うことができるということを子どもは知っているのである．

このような原理があるからこそ，子どもは語彙を爆発的に獲得することができるようになると考えられている．

5.3.3 項の要約

子どもの爆発的な語彙獲得を支えているのは，相互排他性原理，事物全体原理，事物カテゴリー原理が働いており，子どもの推論を助けていると考えられている．

5.4 文法の発達

これまでは，一度に1語だけを話すこと（1語発話）について考えてきたが，ここでは，単語を2個（以上）続けて話す2語発話（多語発話）について考えたい．個人差はあるものの，18カ月にもなると，子どもは2語発話を行なうようである（Hoff 2014）．2語発話に，いわゆる文法がみられるのであろうか．もし発話の中に何も規則がないのであれば，単語はランダムに発話されるはずである．しかし，これまでの研究から，2語発話はルール（つまり，文法）に基づいて発話されていることが明らかになったのである．2語発話の例をバウワーマン（Bowerman, M.）の有名な研究からみてみよう（Bowerman 1973: 240-242）．

Kimmy come, pillow fell, doggie bark（主語＋動詞）

look Kendall, read book, bite finger（動詞＋目的語）
Poor doggie, big bed, blue mommy（形容詞＋主語）
Kendall water, Kendal down, pillow here（名詞＋前置詞）
No page, no rabbit, no Kimmy（否定）
Kendall bath［Kendall takes a bath］, Kendall spider［Kendall looked at a spider］
（主語＋目的語）

　この例からいくつかパターンがわかるであろう．たとえば，2語文には，主語と動詞の関係，動詞と目的語，物と位置を示す語の関係，などの意味的な規則性がみられる（Brown 1973 も参照のこと）．また，前方にくる単語（たとえば no, poor, big）もあれば，後方にくる単語（たとえば down, here）もあり，両方に来る単語（たとえば Kendall, doggie）もある．このように，2語発話に何らかの規則性があるというふうに考えられている．

　これらの規則性を説明する1つの考え方として，軸語文法（pivot grammar）という考えが提唱された（Braine 1963）．ブレイン（Brain, M.）によれば，子どもは普段耳にしている言語インプットの分布パターン（distribution pattern）に注意を払うことで，規則を学習していると説明されている．ブレインは，2語文を軸語（pivot word）と開放語（open word）で構成されていると考えた．子どもの軸語の知識は，発音や意味だけではなく，軸語がどこに現れないといけないかというものも含んでいる．開放語は，子どもが発する他の単語で，たとえば，名詞，動詞，形容詞などである．上述の例でいえば，No page の no は軸語で，開放語の page を他の語と置き換えて，no rabbit や no Kimmy などのバリエーションが出てくるということである．このような規則性を生み出すのは，普段耳にするインプットの分布から規則を子どもが帰納しているから可能になると考えているのである．

　ブレインの軸文法の考え方はそれなりの説得力があるものの，すべての2語文の規則を説明できるものではないことが後の研究で示されている．たとえば，トマセロらは，22カ月の子どもに，モノを指したり持ったりして名詞を教えたり，動作をやってみせながら動詞を教えたりした(Tomasello et al. 1997)．新しい名詞を発話する際には，ブレインの軸文法の考え方どおりに，軸語＋解放語（"No gop", "My pud", "More meek"）で発話した．しかし，動詞の場合は，Braney が

tammingしている様子をみて何をしているのか尋ねられても，"Braney tamming"とは発話せず，"The taming"や"more taming"のような発話が半数以上を占めた．この結果を通して，トマセロは，2歳児の文に関する知識は抽象的な規則にはなっていないと主張している．

　2語以上の多語文（multiword utterance）の規則性に関しては，文法形態素（grammatical morpheme）がどのように現れるかとの関連で研究されることが多い．文法形態素とは，簡単にいえば，冠詞（the, a, an），過去形の規則動詞 -ed，進行形 -ing，複数形の -s/es のようにそれ自体はあまり意味をもたないように思えるのだが，英語という言語にとっては欠かすことのできないものである．文法形態素の初期の研究として最も有名なのはブラウン（Brown, R.）の研究であろう（Brown 1973）．ブラウンは，彼の3人の子どもの文法形態素14種類の発達を調べた．ブラウンの研究でわかったことは，形態素の獲得には順番があることである．形態素の獲得の順番としては，進行形（-ing），前置詞（in, on），複数形（s/es），不規則過去（came, broke）と続いていく．少し余談にはなるが，ブラウンの研究からは，これら形態素が正確に使えるようになるには非常に長く時間がかかり，たいてい4歳までかかるという．

　子どもはさまざまな文体を使うが，そこにも規則性がある．子どもは，まず，I go store や I want some milk のような単純な平叙文から発するようになる．次いで，形態素を使用したり多語文を発したりするようになると，否定文，疑問文，受動文などが現れる．これらの文は，can, be, will などの法助動詞を使ったり，語順を変えたりすることからもわかるように，一般的に平叙文よりも複雑である．

5.4 節の要約

　子どもの2語文は18カ月頃に現れる．2語文はだいたい語順の規則を示していることが多い．多語文を発するようになると，文法形態素が加わるようになる．

5.5　語用論的知識の発達

　母語を自由に操れるようになるには，子どもは音声をマスターしたり，語彙を獲得したり，文法的な文を作れるといったこと以上のことができなければならない．それは，彼らが所属している言語コミュニティーでの慣例をマスターする必

要が出てくるからである．そうでなければ，コミュニケーションを円滑に進めていくことはできない．マスターしなければならない慣例には少なくとも3つの知識が含まれる（Rowland 2013）．

1つ目は，語用論的知識（pragmatic knowledge）と呼ばれ，言語のコミュニケーションの機能に関することで，言葉の字義通りではなく，言外の意味を推測する必要がある．たとえば，6歳の子どもでもコミュニケーション相手の言葉の裏に隠れている本当の意味を理解するのは難しいことが知られている．小学1年生くらいの子どもでは，野球でヒットを打って"you sure are a bad baseball player!"といわれたり，凡打して"you sure a good baseball player!"といわれたりすると，その文が本当に意味すること（いいたいことは発言の逆のこと）を理解するのが難しいようである（Hancock et al. 2000）．

2つ目は，談話的知識（discourse knowledge）と呼ばれ，会話の決まりに関する知識である．たとえば，スムーズに会話をするには，どのように順番に発話をしなければならないかを理解しておく必要がある．そのためにも，会話のトピックを脈絡なく変えてはいけないのだが，親との一対一の会話ではできるものの，2名以上の会話だと，2歳くらいの子どもではなかなかそうはいかないようである．そのことを示したのが，Childが年長のSiblingとMotherが行なった会話を分析したダン（Dunn, J.）とシャズ（Shatz, M.）の研究である（Dunn and Shatz 1989）．彼らによると，3人の会話におけるChildの発言の5割弱が，以下の例のように，会話の流れとは無関係の発話だったという（Dunn and Shatz 1989: 403）．

 Child to mother: I want a drink [mother ignores]
  [2 min later]
 Mother to sibling: Daddy brought the box form for you
 Sibling to mother: Has it got a lock?
 Child to mother: I want a drink

3つ目は，社会言語的知識（sociolinguistic knowledge）で，対話者の社会階級や地位，会話を行なっている場所などによって，言語使用がどのように異なるのかに関する知識である．たとえば，子どもは，家族と他人と話す言葉，友達同士と教室の授業で用いられる言葉はそれぞれ異なることを学ばなければならない．このような知識がいつ頃学ばれるのかをバルコ（Berko, J.）の研究は明らかにし

ている (Berko 1973). バルコは, 小学校低学年 (6〜8歳), 幼稚園児 (4〜5歳), 3歳児以下の3人以上の子どもがいる5家族における自然な会話を観察している. 観察の結果, ①3歳以下の子どもでも親と他人への言葉を使い分けること, ②幼稚園児も母親と友達への言葉を（正確ではないが）使い分けることができるものの, 正確に場面によって使い分けられるのは小学生低学年であることが, わかった.

5.5 節の要約

音声, 語彙, 文法の決まりを学ぶのに加えて, 語用論的知識, 談話的知識, 社会言語学的知識を獲得することによって, 子どもはコミュニケーションを円滑に行なうことができるようになるのである.

5.6 手話の獲得

ここまでは, 幼児によっての最初の言葉である母語の音声の獲得とその発達について概観してきた. しかし, すべての幼児が音声を通して母語を獲得するわけではない. 手話を言語として獲得する幼児の例をみてみよう. 手話においては, 特に, 健常な両親のもとに生まれてきた聴覚障害のある幼児は言語手話に触れることはほとんどない. 聴覚障害のある両親のもとに生まれてきた聴覚障害のある幼児の言語手話発達は, 健常児の言語発達と同様であることが示されている (Hoff 2014). まず, 喃語に相当するサインからはじまる. 次いで, 1語文, 2語文, 多語文, 形態素や複雑な統語規則の獲得へと続いていく. モダリティーの違い（手話 vs. 音声）は言語発達には影響を及ぼさない. しかし, 出生から手話に十分に触れて育つ聴覚障害者の子どもは10%にも満たないため, 彼らは手話に触れるタイミングが遅れ, 言語獲得がうまくいかないことが知られている. つまり, 臨界期の問題である.

臨界期仮説とは, 母語話者のようなレベルに達するためには, ある一定の時期までに, 言語に触れる必要があるという仮説である (Rowland 2013). 臨界期仮説 (X歳が臨界期であること) を証明するには, X歳以前に言語に触れた子どものグループとX歳以降に言語に触れた子どものグループを対象として実験を行なう必要がある. しかし, このような実験を行なうことは非常に困難である. なぜなら,

赤ちゃんは出生後多くは母親の言語に触れて育つため,言語に触れた時期（X歳）で区別することはほぼ不可能だからである．1970年代にアメリカで保護されたジニーやイサベラの事例は,虐待やネグレクトのような特殊なケースのため,臨界期仮説の検証に最適であるとは考えられていない．そこで,手話を使えない両親のもとで生まれた聴覚障害者のケースが,臨界期仮説の検証に最適なのではないかと考えられたのである．

　ニューポート（Newport, M.）は,30年以上手話を使っている聴覚障碍者を,①生後すぐに手話に触れて育ったグループ（0歳グループ）,②4～6歳から手話を学び始めたグループ（4～6歳グループ）,③12歳以降に手話を学び始めたグループ（12歳グループ）に分け,さまざまな手話のテストを行ない,臨界期仮説について検証している（Newport 1988, 1990）．テストの結果は,a. 12歳グループは,0歳グループよりも,多くのテスト（特に形態素のテスト）において,成績が非常に悪いこと,b. 4～6歳グループも,必ずしも0歳グループのような成績には到達しないこと,などがわかっている．ニューポート以降,手話者を対象にした研究において,臨界期仮説を支持する成果が出ている（Mayberry and Lock 2003など）．

5.6 節要約

　獲得される言語は必ずしも音声とは限らない．聴覚障害を持って手話を学ぶ子どもたちを対象にした研究によれば,手話獲得は音声言語獲得に非常に類似していることがわかっている．また,臨界期仮説を証明するのには手話獲得が最適であるともいわれている．

5.7　バイリンガルの言語獲得

　ここまでは,子どもにおける,母語（手話も含む）の獲得とその発達について述べてきた．読者の方々は,子ども時代に1つの言語だけを獲得することが当然だと思われているかもしれない．1つの言語だけをしゃべる人をモノリンガル（monolingual）という．これまで,モノリンガルの言語獲得について言及してきたといっても過言ではないだろう．しかし,グローバル化された社会においては,生まれてから2言語に触れて両方を獲得していくバイリンガル（bilingual）が存

在する．たとえば，日本人の父と中国人の母の間に生まれた子どもは，生後から，父親から日本語を，母親から中国語を聞いて育つ．また，中国人の両親のもと韓国で育った子どもは中国語と韓国語を同時に身につける．さらに，日本人の父親とアメリカ人の母親の間に生まれフランスに住んでいる場合は，父親から日本語を，母親から英語を，学校ではフランス語を学ぶことになる．このように，グローバル社会においては，2つ以上の言語を同時に学んでいくというのは珍しい現象ではない．子どもは2つ以上の言語をどのように獲得していくのであろうか．モノリンガルであろうと，バイリンガルであろうと，言語獲得の基本的なメカニズムは同様で，上述した通りであることが知られている（De Houwer 2009）．ここでは，バイリンガルの言語獲得に特殊な現象を中心に論述していく．3つの言語を獲得したものをトリリンガル（trilingual），それ以上の言語を獲得したものをマルチリンガル（multilingual）と呼ぶこともあるが，ここでは便宜上区別せず，バイリンガルの言語獲得のみをみていく（詳細は De Houwer 2009 を参照）．

　生後10カ月になると，バイリンガルの子どもは，2つの言語の音声を学んできたため，2つの言語の単語（や句）を理解することができるようになる．しかし，2つの言語の音声を区別するのは決して簡単な作業ではなく，時間がかかることが知られている．また，理解できる単語の数も2つの言語それぞれによって違うことが知られている．さらに，個人差はあるものの，喃語を発するようになってくる．この時期で興味深いのは，バイリンガルの子の中には，2つの言語使用に非常に敏感な子もいるということである．たとえば，父親から言語Aを，母親から言語Bを聞いて育った子どもが，母親が言語Aを使うと，嫌がるケースも報告されている．

　生後14カ月になると，バイリンガルの子どもたちはしゃべるようになっていく．モノリンガルの子と同様に，1語文から2語文へと進んでいくようになる．モノリンガルの子にも個人差はあると述べたが，バイリンガルの子はさらに個人差が大きいことが知られている．2言語が同じレベルで発達する子もいれば，2言語の差が大きい子もいたり，両言語理解できるものの片方の言語だけでしかしゃべれない子もいたりするのである．個人差が大きい理由は，家庭において2つの言語の使用頻度が異なるからだと考えられている．

　2歳の誕生日を迎えるころになれば，バイリンガルの子たちは，多語文も話す

ようになっていく．モノリンガルの子と同様に，語順に規則性がみられ，文法形態素も加わるようになっていく．ここで興味深いのは，2つの言語の文法規則を別々に獲得していくようである．たとえば，言語Aの語順のルール（SVO）を言語Bの語順（SOV）で用いたり，言語Bの語順のルールを言語Aに当てはめたりはしないということである．また，2語文同様に多語文でも，モノリンガルの子と比べるとバイリンガルの子は個人差が大きい．強い言語と弱い言語に分かれてくる子が出てくるが，3歳にもなれば，弱い言語であってもその言語で話かけられたらその言語で話すようになる．さらに，話す内容やトピックによっても言語を変えたりすることもできるようになる．

5.7 節の要約

生まれから2つの言語を同時に獲得していくというプロセスは，モノリンガルの言語獲得と基本的には同じように進んでいく．しかし，バイリンガルに特有な現象もみられるため，バイリンガルの言語獲得も今後さらに研究が進められていくことであろう．

まとめ

本章では，子どもの母語獲得のプロセスやメカニズムについて，特に初期の言語発達について重要な文献を参照にしながら概説してきた．5.1節では言語獲得の主要な2つの仮説である生得説と学習説を紹介した．5.2節では音の認識や産出，5.3節では語彙発達，5.4節では文法の獲得，5.5節では語用論的知識の獲得，5.6節では手話の獲得，5.7節では2言語獲得について解説してきた．本章を通して，子どもは複雑な言語を（「ウサギとカメ」のカメのように）こつこつと着実に獲得していくということがわかっていただけたら幸いである．

🔍 より深く勉強したい人のために

・今井むつみ（2013）『ことばの発達の謎を解く（ちくまプリマー新書）』筑摩書房．
　　赤ちゃんが母語を獲得するプロセスについて，近年の発達心理学や認知科学の知見に基づいて，論じている．
・針生悦子（編）（2006）『言語心理学（朝倉心理学講座5）』朝倉書店．
　　言語の獲得や処理を，心理学の観点から，説明している．本章で扱わなかった，文章の理解や産出，言語と思考の問題などにも触れられている．

・桐谷滋（編）(1999)『ことばの獲得』ミネルヴァ書房.
音声と音声言語の発達や語彙獲得だけではなく，言語獲得の日米比較や第2言語学習，思考と言語の関係などについても，論じられている.
・Harley, Trevor A. (2013) *The Psychology of Language: from Data to Theory*, New York: Psychology Press.
言語について，生物学的・発達的な観点，単語認識，意味，産出など非常に幅広いトピックについて論じている.
・De Houwer, Annick (2009) *An Introduction to Bilingual Development*, Bristol: Multilingual Matters.
子どもたちがさまざまな環境の中でどのようにバイリンガルになっていくのかを読みやすい文体で説明している.

文 献

Anglin, Jeremy M. (1993) "Vocabulary Development: A Morphological Analysis," *Monographs of the Society of Research in Child Development* **58** (Serial No. 238).

Aslin, Richard N. and Newport Elissa L. (2012) "Statistical Learning: From Acquiring Specific Items to Forming General Rules," *Current Directions in Psychological Science* **21**: 170-176.

Berko, Gleason J. (1973) "Code Switching in Children's Language," in Timothy E. Moore (ed.) *Cognitive Development and the Acquisition of Language*, New York: Academic Press, 159-167.

Bloom, Lois. (1998) "Language Acquisition in its Developmental Context," in Damon William (Series ed.) and Kuhn Deanna and Robert S. Siegler (Vol. eds.) *Handbook of Child Psychology: Vol. 2. Cognition, Perception, and Language*, New York: Wiley, 309-370.

Bowerman, Melissa (1973) "Structural Relationships in Children's Utterances: Syntactic or Semantic?," in Timothy E. Moore (ed.) *Cognitive Development and the Acquisition of Language*, New York: Academic Press, 197-213.

Braine, Martin D. S. (1963) "The Ontogeny of English Phrase Structure," *Language* **39**: 1-14.

Brown, Roger (1973) *A First Language: The Early Stages*, Cambridge, MA: Harvard University Press.

Camaioni, Luigia (2001) "Early Language," in Bremner Gavin and Fogel Alan (eds.) *Blackwell Handbook of Infant Development*. Malden, MA: Blackwell Publishers, 404-426.

Carey, Susan and Elsa Bartlett (1978) "Acquiring a Single New Word," *Child Language Development* **15**: 17-29.

Chomsky, Noam (1957) *Syntactic Structures*, The Hague, Paris: Mouton.

Curtis, Susan (1976) *Genie: Linguistic Study of a Modern Day Wild Child*, Los Angeles: University of California at Los Angeles dissertation.

DeCasper, Anthony J. and William P. Fifer (1980) "Of Human Bonding: Newborns Prefer their

Mother's Voices," *Science* **208**: 1174-1176.

DeCasper, Anthony J. and Melanie J. Spence (1986) "Prenatal Maternal Speech Influences Newborns' Perception of Speech Sounds," *Infant Behavior and Development* **9**: 133-150.

Dunn, Judy and Marilyn Shatz (1989) "Becoming a Conversationalist Despite (or because of) Having an Older Sibling," *Child Development* **60**: 399-410.

Eimas, Peter D., Einar R. Siqueland, Peter Jusczyk and James Vigorito (1971) "Speech Perception in Infants," *Science* **171**: 303-306.

Hancock, Jeffrey T., Philip J. Dunham and Kelly Purdy (2000) "Children's Comprehension of Critical and Complimentary Forms of Verbal Irony," *Journal of Cognition and Development* **1**: 227-248.

Hoff, Erika (2014) *Language Development*, Fifth Edition, Belmont, NewYork: Wadsworth Publishing.

Kuhl, Patricia K. (1993) "Early Linguistic Experience and Phonetic Perception: Implications for Theories of Developmental Perception," *Journal of Phonetics* **21**: 125-139.

Lenneberg, Eric (1967) *Biological Foundations of Language*, NewYork: Wiley.

Lisker, Leigh and Arthur S. Abramson (1970) "The Voicing Dimension: Some Experiments in Comparative Phonetics," in B. Hala, M. Romporti and P. Jonota (eds.) *Proceedings of the 6th International Congress of Phonetic Sciences*, Ismaning, Germany: Hueber, 563-567.

Mason, Marie K. (1942) "Learning to Speak after Six and One-half Years of Silence," *Journal of Speech Disorders* **7**: 295-304.

Markman, Ellen M. (1989) *Categorization and Naming in Children: Problems of Induction*, Cambridge, MA: MIT Press.

Mayberry, Rachel I. and Elizabeth Lock (2003) "Age Constraints on First Versus Second Language Acquisition: Evidence for Linguistic Plasticity and Epigenesis," *Brain and Language* **87**: 369-384.

Moon, Christine, Robin P. Cooper and William P. Fifer (1993) "Two-day-olds Prefer their Native Language," *Infant Behavior and Development* **16**: 495-500.

Nelson, Katherine (1973) "Structure and Strategy in Learning to Talk," *Monographs of the Society for Research in Child Development* **35**: 1-135.

Newport, Elissa L. (1988) "Constraints on Learning and Their Role in Language Acquisition: Studies of the Acquisition of American Sign Language," *Language Sciences* **10**: 147-172.

Newport, Elissa L. (1990) "Maturational Constraints on Language Learning," *Cognitive Science* **14**: 11-28.

Rowland, Caroline (2013) *Understanding Child Language Acquisition*, Abingdon, Oxon: Routledge.

Saffran, Jenny R. (2009) "What Can Statistical Learning Tell us About Infant Learning?," in Woodward Amanda and Needham Amy (eds.) *Learning and the Infant Mind*, New York: Oxford University Press, 29-46.

Saffran, Jenny R., Richard N. Aslin and Elissa L. Newport (1996) "Statistical Learning by 8-month-old Infants," *Science* **274**: 1926-1928.

Tomasello, Michael (2003) *Constructing a Language: A Usage-Based Theory of Language Acquisition*, Cambridge, MA: Harvard University Press.

Tomasello, Michael (2006) "Acquiring Linguistic Constructions," in Robert Siegler and Deanna Kuhn (eds.) *Handbook of Child Psychology: Cognition, Perception and Language*, New York: Wiley Publishers, 255-298.

Tomasello, Michael, Nameera Akhtar, Kelly Dodson and Laura Rekau (1997) "Differential Productivity in Young Children's Use of Nouns and Verbs," *Journal of Child Language* **24**: 373-387.

Werker, Janet F. and Richard C. Tees (1984) "Cross-language Speech Perception: Evidence for Perceptual Reorganization During the First Year of Life," *Infant Behavior and Development* **7**: 49-63.

索　引

▶欧　文

Praat 音声分析ソフト（Praat sound analyses software）　24

Technique Feature Analysis　65
The Type of Processing-Resource Allocation（TOPRA）モデル　51

vegetative sounds　143
Vocabulary Level Test　42
Vocabulary Size Test　42

▶あ　行

アイコンタクト（eye contact）　119
あいづち（back channel）　126
曖昧性解消領域（disambiguating region）　74
浅い処理仮説（Shallow Processing Hypothesis: SPH）　87

一般名詞（general nominal）　146
意図的学習（intentional learning）　48

受け入れ（accept）　123
ウチの人（in-group）　109, 124

遅い閉鎖の原則（Late Closure Principle）　73
音韻語（Phonological Word: PW）　4
音律音韻論（Prosodic Phonology）　5
音律語（Prosodic Word: PrWd）　5

▶か　行

外国語習得（foreign language acquisition）　102
下位範疇化情報（sub-categorization information）　79

開放語（open word）　150
かかわり度（involvement load）　63
学習（learning）　138
学習説（learning explanation）　139
拡張分散学習（expanded rehearsal/expanding spacing）　54
過小般化（under-extension）　146
過剰般化（over-extension）　146
化石化（fossilization）　47
カテゴリー知覚（categorical perception）　142
ガーデンパス現象（garden path phenomenon）　74
含意（implication）　121
間主観性（inter-subvectivity）　144
干渉（interference）　63
慣用表現　109
関連性の公理（The Maxim of Relevance）　107

聞き手責任　111
記号（sign）　101
記号論（semiotics）　101
気づき（noticing）　67
機能語（function word）　146
休止（pause）　7
協調の原理（Cooperative Principle）　106, 130
キーワード法（keyword method）　61
均等分散学習（equal spacing）　54

クーイング（cooing）　144
偶発的学習（incidental learning）　48

敬語　112
形態統語情報（morphosyntactic information）　89
言語獲得装置（language acquisition device: LAD）　137
言語の心理学（psychology of language）　1

顕在知識（explicit knowledge）　42
検索（retrieval）　56
原始語（proto word）　145

コア・ミーニング（core meaning）　59
語彙的音韻論（lexical phonology）　6
語彙判断課題（lexical decision task）　44
高コンテクスト（high-context）　102
交渉（negotiation）　67
構成（organization）　42
公理（maxim）　106
国際音声字母（International Phonetic Alphabet: IPA）　22
こころ（mind）　137
個人主義　108, 113
コミュニケーション・スタイル（communication style）　99, 101
語用論的逸脱（pragmatic divergence）　118
語用論的選択（pragmatic choice）　132
語用論的知識（pragmatic knowledge）　152

▶さ　行

最少付加の原則（Minimal Attachment Principal）　73
サイズ（size）　41
再生（recall）　57
再認（recognition）　57
産出検索（productive retrieval）　57
産出知識（productive knowledge）　41

子音体系（consonant system）　26
視覚化（visualize）　28
視覚世界パラダイム（Visual World Paradigm）　82
軸語（pivot word）　150
軸語文法（pivot grammar）　150
刺激の貧困（poverty of the stimulus）　138
思考統制（mental control）　144
自己開示（self-disclosure）　125
事象関連電位（event related potential: ERP）　78
質の公理（The Maxim of Quality）　106
実例化（instantiation）　68
シニフィアン（signifiant）　101

シニフィエ（signifié）　101
事物カテゴリー原理（taxonomic principle）　149
事物全体原理（whole object principle）　148
社会言語的知識（sociolinguistic knowledge）　152
終結前表現（pre-closing）　121
集団主義　105, 113
集中学習（massed learning）　53
受動的語用論能力（receptive pragmatic compentence）　132
受容検索（receptive retrieval）　57
受容知識（receptive knowledge）　41
使用域（register）　109
情報探求会話協同構築型　130
処理水準（levels of processing）　49
処理の深さ（depth of processing）　49
心の辞書（mental lexicon）　2
心理言語学（Psycholinguistics）　1
心理言語学的語彙習得モデル（psycholinguistic model of vocabulary acquisition）　46

スピーチレベル（speech level）　109

生成形態論（generative morphology）　5
生成文法（generative grammar）　5
生態系（ecological system）　100
生得説（nativist explanation）　137
制約依存モデル（Constraint-based Model）　79
遷移確率（transitional probability）　139
潜在知識（implicit/tacit knowledge）　42
全体学習（whole learning）　54

相互排他性原理（mutual exclusivity principle）　148
創造的使用（creative use）　60
即時マッピング（fast mapping）　147
ソトの人（out-group）　119, 124

▶た　行

第 1 次通過読解時間（first pass reading time）　77
対人関係配慮型　130
対人関係配慮型談話　130
第 2 言語習得（second language acquisition）　102

多語文（multiword utterance） 151
脱文脈化（decontextualization） 145
談話的知識（discourse knowledge） 152
談話標識（discourse marker） 120

遅延効果（lag effect） 53
遅延保持効果（delay-retention effect） 59
調音結合（co-articulation） 142
超過（lapse） 19
チョムスキー的認知革命（Chomskyan cognitive revolution） 1
沈黙 108

低コンテクスト（low-context） 102
転移（transfer） 46
転移適切性処理説（Transfer Apporopriate Processing Theory） 51

統計学習（statistical learning） 139
統語プライミング現象（syntactic priming effect） 93
動作語（action word） 146
特定名詞（specific nominal） 146
トリリンガル（trilingual） 155

▶な 行

喃語（babble） 144

二重符号化理論（dual coding model） 60
人間関係 99
認識様態語句（epistemic phrase） 107
認識様態動詞句 107

ネガティブ・フェイス（negative face） 131

▶は 行

バイリンガル（bilingual） 155
働きかけ型 131
発話行為（speech act） 101
話し手責任 110
控えめ表現（understatement） 106, 108

否認（reject） 123
非働きかけ型 131
平等主義的 108
広さ（breadth） 41
敏感期（sensitive period） 137

ファーストネーム 118
フィードバック（feedback） 58
フィラー・ギャップ文（filler-gap sentence） 78
フェイス侵害行為（face threatening act: FTA） 111
フォニックス（Phonics） 16
フォルマント値（formant value） 24
深さ（depth） 41
部分学習（part learning） 54
普遍文法（universal grammar） 137
プライミング効果（priming effect） 44
プロトタイプ（prototype） 47
文解析器（parser） 73
文化相対主義（cultural relativism） 100
文化のステレオタイプ化 115
文化の定義 99
分散学習（spaced learning） 53
分散効果（spacing effect） 53
分散保持間隔交互作用（spacing-by-retention interval interaction） 54
分布パターン（distribution pattern） 150
文法化（Grammaticalization） 5
文法形態素（grammatical morpheme） 151

変異（variation） 120

母音図（vowel space） 22
母音体系（vowel system） 21
母語話者同様（native-like） 15
母語話者に近い（near native） 15
保持間隔（retention interval） 54
ポジティブ・フェイス（positive face） 131
ポーズ（pause） 108
ほめ言葉 123
ポライトネス（politeness） 101
ポライトネス理論 111

▶ま 行

マガーク効果(McGurk effect) 7
マルチリンガル(multilingual) 155

命名の洞察(naming insight) 147
メンタル・レキシコン(mental lexicon) 42

モジュラーモデル(Modular Model) 76
モノリンガル(monolingual) 154

▶や 行

やりとりの不変化詞(interactional particle) 107
やわらげ(defect) 123

有声開始時間(voice onset time: VOT) 142

様態の公理(The Maxim of Manner) 107
用法基盤学習(usage-based learning) 139

浴槽効果(bathtub effect) 2

▶ら 行

ラポールマネジメント(rapport management) 123

理解責任(text comprehension responsibility) 102, 110
リーディングスパンテスト(reading span test) 87
流暢さ(fluency) 41
量の公理(The Maxim of Quantity) 106
臨界期(critical period) 14
臨界期仮説(Critical Period Hypothesis: CPH) 137

レマ(lemma) 46
連帯感(solidarity) 120

▶わ 行

ワーキングメモリ(working memory) 78

英和対照用語一覧

▶ A

accept　受け入れ
action word　動作語

▶ B

babble　喃語
back channel　あいづち
bathtub effect　浴槽効果
bilingual　バイリンガル
breadth　広さ

▶ C

categorical perception　カテゴリー知覚
Chomskyan cognitive revolution　チョムスキー的認知革命
co-articulation　調音結合
communication style　コミュニケーション・スタイル
consonant system　子音体系
Constraint-based Model　制約依存モデル
cooing　クーイング
Cooperative Principle　協調の原理
core meaning　コア・ミーニング
creative use　創造の使用
critical period　臨界期
Critical Period Hypothesis: CPH　臨界期仮説
cultural relativism　文化相対主義

▶ D

decontextualization　脱文脈化
defect　やわらげ
delay-retention effect　遅延保持効果
depth　深さ
depth of processing　処理の深さ

disambiguating region　曖昧性解消領域
discourse knowledge　談話的知識
discourse marker　談話標識
distribution pattern　分布パターン
dual coding model　二重符号化理論

▶ E

ecological system　生態系
epistemic phrase　認識様態語句
equal spacing　均等分散学習
event related potential: ERP　事象関連電位
expanded rehearsal　拡張分散学習
expanding spacing　拡張分散学習
explicit knowledge　顕在知識
eye contact　アイコンタクト

▶ F

face threatening act: FTA　フェイス侵害行為
fast mapping　即時マッピング
feedback　フィードバック
filler-gap sentence　フィラー・ギャップ文
first pass reading time　第1次通過読解時間
fluency　流暢さ
foreign language acquisition　外国語習得
formant value　フォルマント値
fossilization　化石化
function word　機能語

▶ G

garden path phenomenon　ガーデンパス現象
general nominal　一般名詞
generative grammar　生成文法
generative morphology　生成形態論
Grammaticalization　文法化
grammatical morpheme　文法形態素

▶ H

high-context 高コンテクスト

▶ I

implication 含意
implicit knowledge 潜在知識
incidental learning 偶発的学習
in-group ウチの人
instantiation 実例化
intentional learning 意図的学習
interactional particle やりとりの不変化詞
interference 干渉
International Phonetic Alphabet: IPA 国際音声字母
inter-subvectivity 間主観性
involvement load かかわり度

▶ K

keyword method キーワード法

▶ L

lag effect 遅延効果
language acquisition device: lLAD 言語獲得装置
lapse 超過
Late Closure Principle 遅い閉鎖の原則
learning 学習
learning explanation 学習説
lemma レマ
levels of processing 処理水準
lexical decision task 語彙判断課題
lexical phonology 語彙的音韻論
low-context 低コンテクスト

▶ M

massed learning 集中学習
maxim 公理
Maxim of Manner 様態の公理
Maxim of Quality 質の公理
Maxim of Quantity 量の公理
Maxim of Relevance 関連性の公理

McGurk effect マガーク効果
mental control 思考統制
mental lexicon 心的辞書,メンタル・レキシコン
mind こころ
Minimal Attachment Principal 最少付加の原則
Modular Model モジュラーモデル
monolinguals モノリンガル
morphosyntactic information 形態統語情報
multilinguals マルチリンガル
multiword utterance 多語文
mutual exclusivity principle 相互排他性原理

▶ N

naming insight 命名の洞察
native-like 母語話者同様
nativist explanation 生得説
near native 母語話者に近い
negative face ネガティブ・フェイス
negotiation 交渉
noticing 気づき

▶ O

open word 開放語
organization 構成
out-group ソトの人
over-extension 過剰般化

▶ P

parser 文解析器
part learning 部分学習
pause 休止,ポーズ
Phonics フォニックス
Phonological Word 音韻語
pivot grammar 軸語文法
pivot word 軸語
politeness ポライトネス
positive face ポジティブ・フェイス
poverty of the stimulus 刺激の貧困
Praat sound analyses software Praat 音声分析ソフト
pragmatic choice 語用論的選択
pragmatic divergence 語用論的逸脱

pragmatic knowledge　　語用論的知識
pre-closing　　終結前表現
priming effect　　プライミング効果
productive knowledge　　産出知識
productive retrieval　　産出検索
Prosodic Phonology　　音律音韻論
Prosodic Word　　音律語
prototype　　プロトタイプ
proto word　　原始語
psycholinguistic model of vocabulary acquisition
　　心理言語学的語彙習得モデル
Psycholinguistics　　心理言語学

▶ R

rapport management　　ラポールマネジメント
reading span test　　リーディングスパンテスト
recall　　再生
receptive knowledge　　受容知識
receptive pragmatic compentence　　受動の語用論能力
receptive retrieval　　受容検索
recognition　　再認
register　　使用域
reject　　否認
retention interval　　保持間隔
retrieval　　検索

▶ S

second language acquisition　　第2言語習得
self-disclosure　　自己開示
semiotics　　記号論
sensitive period　　敏感期
Shallow Processing Hypothesis: SPH　　浅い処理仮説
sign　　記号
signifiant　　シニフィアン
signifié　　シニフィエ
size　　サイズ
sociolinguistic knowledge　　社会言語的知識
solidarity　　連帯感

spaced learning　　分散学習
spacing-by-retention interval interaction　　分散保持間隔交互作用
spacing effect　　分散効果
specific nominal　　特定名詞
speech act　　発話行為
speech level　　スピーチレベル
statistical learning　　統計学習
sub-categorization information　　下位範疇化情報
syntactic priming effect　　統語プライミング現象

▶ T

tacit knowledge　　潜在知識
taxonomic principle　　事物カテゴリー原理
text comprehension responsibility　　理解責任
the psychology of language　　言語の心理学
transfer　　転移
Transfer Apporopriate Processing Theory　　転移適切性処理説
transitional probability　　遷移確率
trilingual　　トリリンガル

▶ U

under-extension　　過小般化
understatement　　控えめ表現
universal grammar　　普遍文法
usage-based learning　　用法基盤学習

▶ V

variation　　変異
visualize　　視覚化
Visual World Paradigm　　視覚世界パラダイム
voice onset time: VOT　　有声開始時間
vowel space　　母音図
vowel syste　　母音体系

▶ W

whole learning　　全体学習
whole object principle　　事物全体原理
working memory　　ワーキングメモリ

編者略歴

西原　哲雄
(にしはら　てつお)

1961年　大阪府に生まれる
1994年　甲南大学大学院人文科学研究科英文学専攻
　　　　博士課程後期単位取得退学
　　　　宮城教育大学教育学部教授
　　　　藍野大学医療保健学部教授を経て
現　在　大阪成蹊大学教育学部教授
　　　　文学修士

朝倉日英対照言語学シリーズ［発展編］2
心 理 言 語 学

定価はカバーに表示

2017年 3 月25日　初版第 1 刷
2022年 9 月25日　　　第 3 刷

編　者　西　原　哲　雄
発行者　朝　倉　誠　造
発行所　株式会社　朝　倉　書　店
　　　　東京都新宿区新小川町 6-29
　　　　郵便番号　162-8707
　　　　電　話　03（3260）0141
　　　　ＦＡＸ　03（3260）0180
　　　　https://www.asakura.co.jp

〈検印省略〉

© 2017〈無断複写・転載を禁ず〉

教文堂・渡辺製本

ISBN 978-4-254-51632-6　C 3380　　Printed in Japan

JCOPY　〈出版者著作権管理機構　委託出版物〉

本書の無断複写は著作権法上での例外を除き禁じられています．複写される場合は，
そのつど事前に，出版者著作権管理機構（電話 03-5244-5088, FAX 03-5244-5089,
e-mail: info@jcopy.or.jp）の許諾を得てください．

好評の事典・辞典・ハンドブック

脳科学大事典	甘利俊一ほか 編	B5判 1032頁
視覚情報処理ハンドブック	日本視覚学会 編	B5判 676頁
形の科学百科事典	形の科学会 編	B5判 916頁
紙の文化事典	尾鍋史彦ほか 編	A5判 592頁
科学大博物館	橋本毅彦ほか 監訳	A5判 852頁
人間の許容限界事典	山崎昌廣ほか 編	B5判 1032頁
法則の辞典	山崎 昶 編著	A5判 504頁
オックスフォード科学辞典	山崎 昶 訳	B5判 936頁
カラー図説 理科の辞典	山崎 昶 編訳	A4変判 260頁
デザイン事典	日本デザイン学会 編	B5判 756頁
文化財科学の事典	馬淵久夫ほか 編	A5判 536頁
感情と思考の科学事典	北村英哉ほか 編	A5判 484頁
祭り・芸能・行事大辞典	小島美子ほか 監修	B5判 2228頁
言語の事典	中島平三 編	B5判 760頁
王朝文化辞典	山口明穂ほか 編	B5判 616頁
計量国語学事典	計量国語学会 編	A5判 448頁
現代心理学［理論］事典	中島義明 編	A5判 836頁
心理学総合事典	佐藤達也ほか 編	B5判 792頁
郷土史大辞典	歴史学会 編	B5判 1972頁
日本古代史事典	阿部 猛 編	A5判 768頁
日本中世史事典	阿部 猛ほか 編	A5判 920頁

価格・概要等は小社ホームページをご覧ください。